*His Holiness
The Dalai Lama*

Masters of Wisdom: His Holiness the Dalai Lama, edited by Alan Jacobs
All rights reserved

First published in the UK in 2011 by Watkins Publishing, Sixth Floor, Castle House, 75-76 Wells Street, London W1T 3QH
Text copyright © His Holiness the Dalai Lama
Biographical essay and compilation and selection of text © Alan Jacobs 2011
Korean translation copyright © 2012 by Jiwasarang
Korean translation rights are arranged with Duncan Baird Publishers Ltd. through Amo Agency, Korea

이 책의 한국어판 저작권은 저작권자와 독점 계약한 知와 사랑에 있습니다. 신저작권법에 의해 한국 내에서 보호를 받는 저작물이므로 무단 전재와 무단 복제를 금합니다.

법왕 달라이 라마

초판인쇄 2012. 6. 13. | 초판발행 2012. 6. 20.
지은이 달라이 라마 | 엮은이 앨런 제이콥스 | 옮긴이 이문영
펴낸이 김광우 | 편집 최정미 | 디자인 이화연 | 영업 권순민, 이은경, 허진선 | 펴낸곳 知와 사랑
서울시 영등포구 당산동 3가 558-3 더파크365빌딩 908호
전화 (02)335-2964 | 팩시밀리 (02)335-2965 | 이메일 jiwa908@chol.com
등록번호 제10-1708호 | 등록일 1999. 6. 15.
ISBN 978-89-89007-61-6 (04800)
　　　978-89-89007-60-9 (세트)

값 12,000원
www.jiwasarang.co.kr

법왕
달라이 라마

달라이 라마 지음
앨런 제이콥스 엮음 · 이문영 옮김

知와 사랑

목차 ── **법왕
달라이 라마**

감사의 글 • 7
추천의 글 • 8
머리말 • 9
서문 • 12
14대 법왕 달라이 라마의 생애 • 16

1.
행복의 연금술

진정한 친구, 연민	37
글로벌 책임감의 파워	46
먼저, 연민을!	54
인류는 하나입니다	63
고요한 마음에 이르는 법	71
행복을 위한 명상법	80
마음 수련	92

2.
과학과 종교
◈ ◈

과학과 종교의 연합	127
실험실의 스님	133
기로에 선 과학	138
종교 간의 화합	153
불교의 현대성	160
사성제	166
도의 단계	178
내생을 위한 수행	186

3.
세계평화와
녹색환경
◈ ◈ ◈

나의 지구! 우리가 지켜요	193
인간과 자연의 건강한 공존	199
아름다운 산행	206
휴식을 주는 나무	210

	녹색 환경	221
	폭력의 원천, 전쟁	225
	노벨 평화상 강연	231

4.
나의 분신
티베트
◇ ◇ ◇
◇

지혜의 나라, 티베트	251
티베트인을 위한 교육	257
티베트 여성 불자의 파워	265

달라이 라마 관련 추천도서 • 271

감사의 글

이 문집에 담긴 모든 인용문은 14대 법왕 달라이 라마의 책, 강연, 기사에서 발췌한 것입니다. 이 문집은 법왕 본인의 허락과 승인을 받아 편집되었습니다. 친절하고 기꺼이 편집을 허락해주신 법왕에게 심심한 감사를 표합니다. 발췌를 허락한 많은 저작권 보유자들에게도 감사를 표합니다. 누락된 건이 있을 시 편집자와 발행자는 언제라도 바로잡을 것입니다.

추천의 글

2500여 년에 걸쳐 타 종교와 함께 연민, 친절, 관용, 자기수행 등의 가르침을 전해온 붓다의 진리가 오늘날과 같은 험난한 시대에 특별한 역할을 할 것으로 믿습니다. 다른 종교 전통과 달리 불교는 현대 과학과 밀접한 독특한 상호의존 개념을 깊이 파고들기 때문입니다. 이 책은 붓다의 진리를 분명하고 간결하며 읽기 쉽게 표현한 달라이 라마의 글들을 취합해 소개한 문집으로, 훌륭한 불교 입문서로 추천하고 싶습니다. 불교의 가르침을 이해하고자 하는 이들에게 큰 도움이 되리라 믿습니다.

험난한 이 시대에 가능한 한 많은 독자들이 이 책을 만나길 바랍니다. 평화, 연민, 관용에 대한 달라이 라마의 영원한 메시지는 이 시대에 널리 필요하기 때문입니다.

영국 스리 바가반 라마나 마하리쉬 재단 회장
앨런 제이콥스

머리말

진리의 말씀
티베트의 14대 법왕 달라이 라마, 텐진 가초가 쓴 기도문

세 가지 보배인 불, 법, 승의 위대한 자비심을 찬양하고 간구하며

오, 대양처럼 가늠할 수 없는 놀라운 능력을 지니고
모든 무력한 지각 있는 중생을 유일한 자식으로 아끼는
과거, 현재, 미래의 붓다, 보살 그리고 제자들이여,
번민에 찬 저의 애절한 간구를 들어주소서.
붓다의 충만한 가르침은 사바의 고통과 자기지향적인 평화를
떨치게 해줍니다.
넓디넓은 세상에서 모든 중생이 번영과 행복을 펼치며 번창하기를 기원하나이다.
오, 법을 깨친 학자와 자각하는 수행자들이여,
열 배 고결한 그대들의 수행이 승리하기를 기원하나이다.

극심한 고통에서 벗어날 길 없고
끝날 것 같지 않은
너무도 극심하고 부정적인 행위로 억압받는
미천하고 지각 있는 중생이여,
참을 수 없는 전쟁, 기아, 질병의 공포에서 벗어나
행복과 안녕의 바다에서 자유롭게 숨쉬기를 기원하나이다.
또한 어둠의 한 편에서 다양한 방법들을 통해
야만적인 무리들에게 무자비하게 짓밟히는
설원 지대의 독실한 신도들이여,
부디 그대들 연민의 힘으로,
속히 피와 눈물의 물결을 저지하기를 기원하나이다.

연민의 대상이며
망상의 해악으로 정신이 나간
극악무도한 자들은
자신과 다른 사람들을 방자하게 해칩니다.
그들이 지혜의 눈을 갖게 되고
해야 할 일과 하지 말아야 할 일을 알고
우정과 사랑의 영광 안에 거하기를 기원하나이다.
오랫동안 기다려온
완전한 자유에 대한 티베트의 염원은

자발적으로 달성되어야 합니다.
속세의 법과 더불어 영적인 법을 축하하는 기쁨을 누릴 수 있는
행운을 어서 선사하소서.

오, 무수한 고난을 겪는 사람들을 보살피며
가르침, 수행자들, 국민, 국가를 위하여
가장 소중한 목숨, 육신, 재물을 완전히 희생하는
보호자 관세음보살이여,
보호자 관세음보살은 붓다와 보살들 앞에서
설원 지대를 오롯이 껴안으리라는
원대한 기도를 하였습니다.
이 기도가 어서 속히 좋은 결과로 나타나기를 기원하나이다.
공허감과 상대적인 형태들의 엄청난 상호의존에 의한
삼보와 그 진리의 말씀이 지닌 커다란 연민의 힘과 더불어서
그리고 한 치의 착오도 없는 인과법의 힘으로
이 진정한 기도가 방해받지 않고
속히 이뤄지기를 기원하나이다.

'진리의 말씀'이라 부르는 이 기도는 1960년 9월 29일 인도의 히마찰 주, 캉그라 구, 다람살라에 마련된 임시 정부, 스와르그 아시람에서 14대 법왕 달라이 라마 텐진 갸초가 쓴 것이다. 평화, 붓다의 가르침, 고국에 남은 티베트인의 문화와 민족자결 회복을 위한 이 기도는 수도승과 일반인의 전폭적인 합의를 거쳐 티베트 정부 관료들의 거듭된 요청을 받아들여 쓴 것이다.

서문

14대 법왕 달라이 라마의 친절한 허락을 받아 그의 많은 글과 강연 내용을 편집하고, 또 그 대단원 문집의 서문을 쓰게 되어 매우 영광으로 생각합니다.

14대 법왕 달라이 라마, 텐진 갸초는 의심의 여지없이 현존하는 세계에서 가장 중요한 종교 지도자입니다. 불교 승려로서 최고의 정직과 스스로를 내세우지 않는 겸허함으로 폭넓게 경배와 존경을 받는 그는 전 세계인의 찬양과 사랑의 대상입니다.

이는 그의 우직한 용기와 결단력뿐만 아니라 인간에게 허락된 최고의 종교적, 윤리적 원칙에 관심을 가진 많은 사람들을 가르치고 감동을 주는 능력을 전 세계적으로 인정받았기 때문입니다. 지금 지구촌은 도덕의 영역에서뿐만 아니라 인류의 평화와 행복에 대한 영원한 추구에 있어서도 아직도 뜻을 한데 모으지 못하고 있습니다. 달라이 라마는 이타심과 부지런함으로 해결책을 모색하는 데 생애를 바침으로써, 우리로 하여금 가치 있는 이상을 깨닫게 해줍니다.

달라이 라마의 많은 저술과 강연은 명료함의 걸작입니다. 그는 영어를 훌륭하게 구사하며 자신의 관점을 강조하기 위해 때때로 시를 사용하기도 합니다. 그는 고통받는 티베트 국민의 종교적 지도자이자 속세의 통치자입니다. 지혜, 능변, 아량뿐 아니라 사람을 기분 좋게 만드는 따뜻함과 유머감각을 지닌 그는 실천을 통해 자신의 고귀한 사상을 보여주는 소박한 불교 승려의 살아 있는 표본입니다.

이 문집에 분명히 나타나듯이, 그가 설파하는 주요 핵심은 친절, 사랑, 연민, 이타심의 네 개의 단어로 요약할 수 있습니다. 이는 세상의 모든 종교에서 발견되는 영원한 네 가지 덕목입니다. 하지만 이 시대에, 생각과 행동에서 이 덕목들을 몸소 실천하는 법왕 자신만큼 훌륭한 본보기는 없을 것입니다.

달라이 라마는 지구의 안녕을 보살펴야 할 필요성을 열렬하게 주장합니다. 그는 자연환경을 사랑으로 보살피고 보존해야 한다고 역설합니다. 동물이건 사람이건 지구의 모든 지각력 있는 생물들의 행복에 열정적으로 관심을 기울입니다. 이런 점에서 그는 모든 국가의 경계를 초월합니다.

중국이 티베트를 잔인하게 침공함으로써 많은 수행승, 수도원장, 종교 지도자들과 함께 망명길에 오른 달라이 라마는 조국의 자유를 되찾기 위해 쉬지 않고 싸워 왔습니다. 신중하고, 지속적이며, 부지런하게 협상정책을 펴며, 탄압받는 자국민의 정치적, 경제적 자유를 회복하기 위한 '비폭력 방식'의 최고 모범을 보여 왔습니다.

달라이 라마의 고귀한 노력은 유엔뿐 아니라 인류의 평화와 안녕을 옹호하는 많은 국제 정부 단체들로부터 지속적인 찬사를 받아 왔습니다. 그는 세계와 인류의 안전을 위협하는 핵무기의 공포를 억제해야 할 시급하고 절대적인 필요성과 함께, 세계평화를 이루고 보존할 중대한 필요성을 인식합니다.

법왕 달라이 라마가 정치적 환경으로 인해 불가피하게 자국의 자유를 위해 투쟁하는 정치 지도자가 되었지만, 그는 티베트 불교의 역사적 가르침을 전하는 살아 있는 권위자로서의 역할을 지켜 왔습니다. 그는 유서 깊은 티베트 불교의 심오한 지혜, 지식과 큰 숭배를 받는 우수한 윤리관을 세계에 전했습니다. 티베트 종교지도자인 법왕이 망명했다는 사실은 국가의 비극이지만, 한편으로는 건전한 정신적 가르침과 윤리적 쇄신이 시급한 서구 세계에 티베트 불교 사상을 새로이 전파하는 계기가 됨으로써 보상을 받았습니다.

달라이 라마는 무한한 용기를 지닌 사람입니다. 그는 불굴의 용기와 관용으로 모험적인 인생을 살아 왔습니다. 따뜻한 성품, 놀라운 유머감각으로 그를 아는 모든 사람으로부터 사랑을 받으며 소박한 티베트 수도승으로서 검소하게 살고 있습니다. 그는 전 세계를 여행하며 만나는 각계각층 사람들의 마음을 금방 편하게 만드는 재주가 있습니다. 그의 모습은 텔레비전에 종종 방영되었습니다. 따라서 그는 힘든 역경 속에서도 늘 웃음을 잃지 않는 자애롭고, 부드럽고, 현명한 친구로서 사람들로부터 존경과 찬사를 널리 받게 되었습니다.

이 문집은 위대한 달라이 라마의 인류에 대한 많은 가르침과 보편적 메시지를 간략하게 보여줄 뿐입니다. 그래서 이 책은 기본적으로 관심 있는 독자를 위한 서문에 불과합니다. 따라서 달라이 라마가 유려한 필체로 직접 쓴 이 책을 많은 사람들이 읽고 감명받을 수 있기를 바랍니다. 그의 책에는 상당한 깊이, 중대성, 위트, 문학성과 함께 그의 모든 메시지가 담겨 있습니다.

영국 스리 바가반 라마나 마하리쉬 재단 회장
앨런 제이콥스

14대 법왕 달라이 라마의 생애

14대 달라이 라마는 공식적으로 티베트 불교(라마교Lamaism) 거루파Gelug sect의 종교 지도자다. 달라이 라마라는 명칭은 몽골어로 '바다'를 뜻하는 달라이dalai와 티베트어로 '수장' 혹은 '높은 성직자'를 뜻하는 블라마blama가 조합된 단어다. '라마'는 일반적으로 티베트 불교의 스승을 의미한다. 티베트 불교 신자들은 대대로 달라이 라마를 관세음보살이 환생한 툴쿠tulku의 현신으로 믿고 있다. 전통적으로 법왕 달라이 라마는 사람들을 깨우치기 위해 최근에 환생한 영적 지도자로 받아들여지고 있다. 17세기부터 1959년까지, 달라이 라마들은 티베트의 수도 라사Lhasa의 많은 지역들을 통치하는 정치 지도자들이었다. 1959년 중국이 티베트를 무자비하게 정복한 이래, 달라이 라마는 티베트 망명 정부의 수반으로 활동해왔다.

14대 달라이 라마, 텐진 갸초Tenzin Gyatso는 1935년 7월 6일 티베트의 동북부 탁처Taktser라는 작은 마을에서 가난한 농부의

아들로 태어났다. 두 살 때 후임 달라이 라마를 찾기 위한 전통적인 시험을 모두 통과한 텐진 갸초는 13대 달라이 라마의 환생으로 확실히 인정받았다.

티베트인들은 달라이 라마를 인류에 봉사하기 위해 또다시 환생을 선택한 자비로운 대불大佛의 화신으로 여긴다.

달라이 라마라는 낱말은 '지혜의 바다'를 뜻한다. 티베트인들은 보통 달라이 라마를 '이신 노르부Yizhin Norbu'라고 부르는데, 이는 '소원을 성취하게 해주는 보석'이라는 의미다. 혹은 더 짧게 '현존하는 붓다生佛'를 뜻하는 '쿤둔Kundun'이라고 부르기도 한다. 달라이 라마의 전기 작가 린첸 달로Rinchen Dharlo에 따르면, 1935년 13대 달라이 라마가 입적했을 때, 티베트 정부는 단순히 후임 달라이 라마를 임명하는 대신 자비불慈悲佛의 환생인 어린 아이를 찾아야 했다. 그 아이는 반드시 전임자가 입적한 직후, 혹은 머지않아 태어나야 하는 건 아니었다.

전례와 마찬가지로, 아이를 어디서 찾아야 하는지를 알리는 점성술적인 계시와 그 밖의 징후들이 있었다. 예를 들어, 사원에서 13대 달라이 라마 시신의 머리가 남쪽 방향으로 놓이자 시신의 머리가 동쪽 방향으로 두 번 움직였다. 게다가 사원 동쪽의 잘 마른 나무 기둥의 동쪽 부분에 커다란 곰팡이가 피어났다. 이를 본 티베트의 섭정관은 예로부터 미래를 예견하는 환영이 자주 보인다는 성호聖湖 라모 라초Lhamoe Lhatso로 갔다.

그곳에서 섭정관은 비취색과 금색의 지붕을 한 사원과 터키색 점판암 기와를 올린 집을 보았다.

1937년, 고승과 정부 고관들로 이루어진 사절단이 호수에서 본 환영과 정확히 일치하는 장소를 찾기 위해 티베트 전역에 파견되었다. 동쪽으로 간 사절단의 대표는 라사의 세라Sera 사원의 주지인 케상 린포체Kewtsang Rinpoche˚였다. 탁처에서 그들은 환영과 일치하는 집을 발견하고 그 집을 방문했다. 케상 스님은 하인으로 변장하고 어린 스님이 대표 행세를 했다. 케상 린포체는 입적한 13대 달라이 라마의 염주를 차고 있었는데, 어린 남자 아이가 곧바로 알아보고 염주를 달라고 했다.

케상은 자기가 누구인지 말하면 염주를 주겠다고 했다. 아이는 '세라 아가Sera aga'라고 말했다. 그 지역 사투리로 세라 사원의 스님이란 뜻이었다. 그 아이는 여러 스님들 중에 누가 진짜 대표이고 하인인지 알아맞힐 수 있었다. 그 후 13대 달라이 라마의 유품을 알아맞히는 시험을 여러 번 거친 끝에 이 아이가 의심의 여지없이 전임 달라이 라마의 환생이라는 합의에 도달했다. 1940년, 새로운 달라이 라마의 즉위식이 예법에 따라 거행되었다.

---

* 린포체는 살아 움직이는 붓다란 의미로, 과거 생에 출가 수행자로 수도에 전념하다가 죽은 후 다시 인간의 몸을 받아 환생했다는 것이 증명된 사람을 말한다.

1950년, 16세가 된 달라이 라마의 앞에는 9년 동안의 철저한 수행승 교육이 기다리고 있었다. 하지만 그해 중국이 티베트를 침공함으로써 완전한 통치권이 어린 법왕에게 위임되었다.

1959년 3월, 중국의 군사 점령에 항거하는 티베트 민중이 대거 봉기를 일으켰고, 그 소용돌이 속에서 달라이 라마는 망명길에 올라야만 했다. 그 후 그는 우호적인 인도 정부의 따뜻한 환대 가운데 아름다운 히말라야 산자락에 위치한 다람살라Dharamsala에 살고 있다. 이제 다람살라는 1963년 입헌 민주주의를 선포한 티베트 망명정부의 확고한 근거지로 자리 잡았다.

'작은 라사'로 알려진 다람살라는 명칭에 걸맞게 문화, 교육의 중심지로 부상했으며, 인도에 주로 거주하는 13만 명이 넘는 티베트 난민들의 망명수도 역할을 하고 있다. 그 밖의 난민들은 네팔, 스위스, 영국, 미국, 캐나다 그리고 그 밖의 30여 개국에서 피난생활을 하고 있다.

40여 년 넘게 달라이 라마는 최선을 다해 중국 정부와 건설적이고 의미 있는 대화를 시도하려고 노력해왔다. 1977~78년에 그는 5개항 평화계획Five-Point Peace Plan을 제안하여 전 세계 정치인과 입법기관들로부터 광범위한 찬사를 받았다. 하지만 현재까지 중국 정부는 세계적인 여론의 강한 압박에도 불구하고 티베트인들과의 협상을 계속 거부해오고 있다.

한편 14대 법왕 달라이 라마는 서구를 전혀 방문한 적이 없는 전임 달라이 라마들과는 달리 세계 전역을 꾸준히 여행하고 있다. 그는 전 지구적인 세계 교회의 관점에서, 인류에 대한 친절과 연민, 환경에 대한 큰 존경심, 그리고 무엇보다도 세계 평화를 위해 열렬한 웅변을 토하며 불굴의 노력을 아끼지 않고 있다.

달라이 라마는 이 주제들을 많은 저술과 강연에서 언급했다. 전 세계의 관중과 텔레비전 방송을 위해 영화와 다큐멘터리들이 제작되었다. 대부분의 사람들은 현재 그를 세계를 이끄는 가장 존경하는 영적 지도자로 여기고 있다.

달라이 라마는 1967년 처음으로 인도를 벗어나 일본과 태국을 방문했다. 그는 일본의 질서정연함과 청결함에 크게 감명을 받았다. 그는 일본이 물질적으로 큰 성과를 이루어냈음에도 불구하고 일본의 전통 문화와 가치를 계속 유지하고 있다고 강조했다. 태국에서 그는 일본의 정형성과는 대조적으로 사람들이 놀랍도록 느긋하고 편안하다는 것을 발견했다. 일본에서 그는 불교에 대한 다양한 접근방식에 대해 논할 것이 많다고 생각했다. 그리고 티베트의 전통 불교가 매우 완전한 형태의 불교라는 결론에 도달했다.

1973년, 달라이 라마는 불현듯 유럽과 스칸디나비아로 향했다. 단 6주 동안 11개 나라를 연달아 방문했다. 많은 장소와 사람들을 새로이 보고 접하는 가운데 그의 기분이 전환되었다. 로마에서는 교황 바울 6세와 청중을 만나고 바티칸시를 견학했다. 그는 교리와 상관없이, 인류 전체를 위해 종교적 가치를 확신하는 일이 중요함을 역설했다. 교황도 전적으로 동의를 했고 두 사람은 좋은 친구로서 헤어졌다.

달라이 라마는 스위스를 잠시 들러 스위스인 가족에 입양된 많은 티베트 아이들을 만났다. 6년 후 스위스를 재차 방문했을 때에는 스위스인들이 티베트 아이들을 사랑과 친절로 양육하고 티베트어를 할 수 있도록 배려한 데 대해서 기뻐했다.

스위스를 떠나 네덜란드로 향한 달라이 라마는 유명한 랍비를 만나 대화했다. 그들은 억압으로 인한 끔찍한 고통을 공유하면서 상대방의 젖은 눈을 깊이 응시했다. 이어서 노르웨이, 스웨덴, 덴마크, 벨기에, 아일랜드 등지를 방문했다. 어디를 가든 사람들이 티베트에 관해 궁금해한다는 걸 발견했다. 이 여행 중에 만난 한 스칸디나비아 단체는 40명의 티베트 젊은이들에게 농업과 기술을 배울 수 있는 여건을 만들어주었다. 그는 영국에서 열흘 머물렀는데, 그때 전 유럽에서 영국이 티베트와 가장 깊은 유대감을 느낀다는 것을 깨달았다. 이 방문에서 그는 수상인 해롤드 맥밀런Harold Macmillan과 웨스트민스터 성당의 주임사제인 에드워드 카펜터Edward Carpenter를 만났다. 두 사람 모두 동정심이 많은 사람들이라고 생각했다.

1972년, 달라이 라마는 미국을 처음 방문했다. 뉴욕에 도착한 그는 즉시 자유스런 분위기에 감동받았다. 그는 많은 부랑자와 노숙자들이 문간에 쓰레기를 버리는 등 이 대도시가 무질서하고 더럽지만, 사람들이 따뜻하고, 개방적이고, 매우 편안하다고 생각했다. 뉴욕에서 그는 티베트의 고통과 딜레마를 아는 사람들이 거의 없다는 걸 발견했다. 그는 미국의 정치체계가 여러 면에서 실패했다고 보았다. 그는 다양한 단체들을 대상으로 강연할 기회를 가졌다.

이렇듯 지구촌의 다양한 지역을 방문한 달라이 라마는 이후에도 많은 나라들을 방문했다. 그는 전반적으로 서구 사회가 매우 인상적이었다고 말했다. 특히 에너지와 창조성, 지식에 대한 갈망을 높이 평가했다. 반면 그를 상당히 우려하게 만든 요소들도 많았다. 그는 사람들이 '상호의존과 상대성'을 완전히 무시한 채 '흑백논리'와 '이거 아니면 저거'라는 식의 사고를 하는 경향이 있다고 생각했다. 그들은 두 관점 사이에 필연적으로 존재하는 회색지대를 보지 못했다. 많은 사람들이 대도시에서 잘 살고 있지만 실제로는 인류 공동체와 고립되어 있었다. 그들은 단지 자질구레한 일에 대해서만 진심을 표출하는 것 같았다. 이는 정신적인 가치의 결핍을 의미했다. 삶의 치열한 경쟁에서 공포와 불안감이 생겨나는 것 같았다. 하지만 불교의 승려로서 달라이 라마는 어디를 가든 다른 단체와 종교들을 서로 화합하고 이해하는 방향으로 이끌기 위해 노력을 기울였다. 그는 또한 중국에 점령당한 티베트가 당면한 비극적인 문제에 대해 말했다. 어디를 가든 그는 종교 단체의 권위자들을 만나기 원했으며, 언론과 텔레비전 인터뷰를 기꺼이 받아들였다. 그는 적어도 하루 다섯 시간 반을 기도, 명상, 연구에 보낸다. 또한 세계의 시사문제에도 늘 관심을 기울인다.

따라서 달라이 라마는 전임자들과는 매우 다르다. 예를 들어, 13대 달라이 라마는 엄격하고 형식적이어서, 공개적인 축원과 기타 행사를 제외하고는 티베트인들과 몸소 가까이 하는 일이 없었다. 14대 달라이 라마는 티베트인들과 외국인들을 비공식적으로 자주 만나며, 절대로 사람들과 거리를 두지 않는다. 그를 만난 각계각층의 사람들은 너나 할 것 없이 달라이 라마가 처음 만난 사람일지라도 '죽마고우'를 다시 만난 듯이 대한다고 말한다. 그는 거의 언제나 웃고 있으며, 외부적인 문제가 중대하고 위험스러울 때라도 인터뷰에서 그의 유머가 빛을 발한다.

티베트인들은 중국이 침략하기 전까지 매우 평화스럽게 살았다고 말한다. 중국의 침공 이후 전체 인구의 20%인 120만 명이 목숨을 잃었다. 전쟁과 새롭게 도입된 집단 농경, 그리고 티베트인의 수요가 많은 티베트 곡물이 중국으로 이송되면서 야기된 굶주림 때문이었다. 중국은 6,254개의 사원 중 10개를

뺀 나머지를 모두 약탈해, 보물, 800억 달러에 달하는 보석, 금, 은, 동상과 그 밖의 성물聖物들을 뺏어갔다. 이것들은 트럭으로 중국에 운송된 후 홍콩과 도쿄의 예술품시장과 금시장에 팔려 나갔다.

그럼에도 불구하고, 조국의 해방을 위해 비폭력을 추구한 공로로 1989년 노벨 평화상 수상의 영광을 안은 달라이 라마는 중국을 미워하지 않는다. 그는 티베트의 독립을 되찾기 위한 최선의 방법은 연민이라고 생각한다. 앞서 언급했듯이 티베트의 망명정부 지도자인 달라이 라마는 1960년부터 다람살라에 거주하고 있다. 그곳은 티베트 국경과 단 125마일 떨어진 인도의 힘라치 프라데시Himlach Pradesh의 아름다운 언덕에 위치한다. 다람살라의 중심부에서 시작해 맥리오드 강기Mcleod Gangi로 굽이굽이 이어진 수천 피트의 좁은 오르막길이 있다. 티베트인들은 인도의 법을 따르며 그곳에서 살고 있지만, 다람살라는 준정부로서 인가를 받았다.

1963년, 달라이 라마는 전 세계에 사는 티베트 국민이 망명정부의 의원에 선출될 수 있도록 허가하는 헌법 초안을 손수 작성했다. 그는 독립적인 사법부, 감사원, 기타 정부 부처들을 세웠다. 이제 그는 모든 국사의 마지막 결정권자가 아니며 탄핵을 당할 수도 있다! 1960년대와 1970년대에 다람살라에 살던 티베트인들은 심한 고립감에 매우 힘들어했다. 이제는 환경이 개선되어 작은 공항이 건설되었고 현대적인 전화선도 설치되었다.

산 위에는 달라이 라마의 누이 중 한 명이 운영하는 티베트 어린이의 마을이 있다. 그곳에는 1,500명의 어린이들이 거주하며 교육을 받는데, 다수가 난민이다. 인도 전역에 세워진 지부에서 돌보는 어린이들이 5,500명이 넘는다. 달라이 라마는 이 마을과 다른 곳을 자주 방문하지만, 대부분의 시간을 기도와 명상, 공부를 하며 다람살라에서 보낸다. 그는 경전을 읽고, 철학을 연구하며, 종종 다른 티베트 불교 수행승들과 함께 기도한다. 또한 업무용 문서를 읽고, 라디오에서 나오는 BBC 월드 서비스를 듣거나, 『뉴스위크』, 『타임』 같은 잡지와 『타임스 오브 인디아The Times of India』, 『힌두스탄 타임스Hindustan Times』와 같은 신문을 읽는다.

1960년대, 많은 사람들이 티베트 국민들에게 말하기를 자유를 추구할 희망이 없다고 했다. 하지만 달라이 라마는 과거 구소련과 동독의 급격한 정치 변혁에서 보듯, 티베트의 자유는 사람들이 상상하는 것처럼 억지스러운 개념이 아니라고 믿고 있다. 법왕의 말에 의하면, 티베트인들이 조국의 정치적, 사회적 자유를 되찾는 데는 많은 장애물들이 남아 있다. 과거 중국을 호령했던 구공산주의 지도자들은 지금 80대의 고령이다. 따라서 달라이 라마는 혁명의 1세대는 여전히 체제를 존중하고 따르지만 젊은 지도자들은 결국 다른 관점을 취할 것이라고 믿는다. 정치적 자유를 되찾을 기미는 아직 보이지 않지만, 중국 공산당의 자유 시장 개혁정책으로 경제가 개선됨으로써 불안이 완화되었다. 그리고 많은 중국인들이 티베트의 독립운동에 동감하고 있다. 달라이 라마는 중국의 현 지도자들이 사라진 후에는 극복하지 못할 장애물이 없을 것으로 믿는다.

1963년, 법왕은 미래의 자유국 티베트의 모델로서 불법佛法과 보편적인 인권 선언에 기초한 입헌 민주체제를 공포했다. 그 후 달라이 라마는 티베트가 독립한 후에는 자신이 정치적인 직위를 갖지 않을 것임을 거듭 천명하면서 난민들을 대상으로 민주주의 체제를 실험해야 한다는 점을 적극 설파했다. 달라이 라마는 티베트 문제를 해결하기 위해 지속적으로 새로운 계획을 내놓고 있다. 1987년, 그는 의회의 인권 전당대회에서 티베트의 미래를 위한 티베트 5개항 평화계획을 제안했다. 이 계획은 티베트의 비폭력 지구 지정, 중국인의 티베트 이주 중단, 기본적인 인권과 민주 자유의 회복, 핵무기의 생산과 핵폐기물 처리 장소로서의 티베트 땅 이용 중단, 그리고 티베트의 미래에 대한 진심어린 협상을 촉구하는 내용이었다.

달라이 라마는 소신대로 자치 민주국 티베트를 세우기 위한 가장 현실적인 노력을 계속해나가고 있다. 1988년, 프랑스의 스트라스부르에서 그는 정부 건설에 대한 티베트 국민의 최고 권위를 보호하는 한편 중국의 이익도 수용한다는 제안을 내놓았다. 하지만 그의 노력에 대해 중국은 폐쇄적이고 부정적인 태도로 반응했다. 결국 달라이 라마는 이 제안이 1991년까지만 법적 구속력을 지닌다고 선언하기에 이르렀다. 달라이 라마는 브라질, 영국, 스위스, 미국 등지를 방문했다. 그는 1991년 4월에 미국의 조지 부시 대통령을 만났다. 부시와의 회의 결과, 30년간 티베트 지도자를 인정하지 않았던 미국이 방침을 바꾸었다. 미국은 그전까지는 티베트를 공식적으로 인정하지 않고 중국의 일부로 생각했다. 달라이 라마는 주요 나라의 몇몇 국가 원수들과 그 밖의 정치, 종교, 문화, 사업 분야의 원로들을 만나 인류가족이 하나라는 자신의 믿음과 우주적인 책임감을 고양할 개인적인 필요성에 대해 강연했다.

1989년 10월, 다람살라에서 열린 미국에서 온 여덟 명의 랍비와 유대인 학자들과의 대담에서 달라이 라마는 말했다.

> 난민이 되었을 때 우리는 이 투쟁이 쉽지 않을 거라는 걸 알았습니다. 오랜 시간과 오랜 세대가 걸릴 거라고 생각했죠. 우리는 유대인들을 매우 자주 언급합니다. 그러한 엄청난 역경과 고통 속에서도 정체성과 믿음을 굳건히 지킨 민족이잖습니까. 그리고 외부 상황이 무르익었을 때 유대인들에게는 나라를 재건할 준비가 되어 있었죠. 알다시피, 유대인 동포들에게 배울

점이 아주 많습니다.

다른 토론회에서 그는 믿음을 공유해야 하며 종교 간 대통합이 필요하다고 강조했다.

저는 항상 종교, 철학이 다양하게 존재하는 편이 훨씬 낫다고 생각합니다. 왜냐하면 사람은 제각기 정신적인 기질이 다르기 때문입니다. 각 종교마다 훌륭하고 독특한 사고와 관행이 있습니다. 그래서 다른 종교를 배우면 자신의 믿음이 강해질 수 있습니다.

달라이 라마는 전 세계 대학에서 명예박사 학위를 많이 받았다. 1989년에는 노르웨이 오슬로에서 세계 최고의 명예인 노벨 평화상을 수상했다. 노르웨이의 노벨위원회는 티베트 독립 투쟁에서 달라이 라마가 지속적으로 비폭력을 고수한 공로를 강조하며 말했다.

달라이 라마는 모든 생물체에 대한 훌륭한 존경심에서 비롯된 평화의 철학을 전개했습니다. 자연과 더불어 온 인류를 껴안는 보편적인 책임감에 입각해서 …… 그는 국제적 갈등, 인권, 지구의 환경 문제 등을 해결하기 위해 건설적이고 진보적인 제안을 내놓았습니다.

달라이 라마는 훌륭한 학자이자 평화주의자이며, 모든 사람과 모든 종교 간의 이해를 돕기 위해 앞장서는 대변인이다. 그는 인도 베나레스 대학, 위스콘신주 워키쇼 캐럴 대학, 로스앤젤레스 동양학 대학, 시애틀 대학, 파리 대학 등에서 명예학위를 받았다. 그의 많은 수상 내역 중에는 필리핀의 라몬 막사이사이 평화상, 몽골 울란바토르의 아시아 불교 평화 위원회상, 미국 연구협회의 링컨상, 앨버트 슈바이처 인도주의상, 뉴욕시의 인간행동재단상, 스위스 베른의 자유와 인권재단상, 독일 튀빙겐 대학의 레오폴드 루카스 박사상 등이 있다.

달라이 라마는 『나의 조국, 나의 국민My Land and My People』, 『지혜의 눈 뜨기The Opening of the Wisdom Eye』, 『티베트의 불교The Buddhism of Tibet』, 『중도의 비결The Key to the Middle Way』, 『복, 공, 친절의 통합Union of Bliss and Emptiness and Kindness』, 『명료함과 통찰력Clarity and Insight』과 같은 베스트셀러 책들을 썼다. 이와 함께 불교 철학에 관한 훌륭한 저술과 많은 대화를 남겼다.

수많은 업적에도 불구하고 더없이 겸손하며 자신을 내세우지 않는 달라이 라마는 종종 이렇게 말한다. "저는 한낱 불교 수행승에 지나지 않아요. 그 이상도 그 이하도 아니죠." 자국 동포와 다른 이들의 평화와 자유를 위해 싸우는 동안 법왕은 많은 책을 썼다. 그중에는 고대 티베트의 이야기를 담은 책들이 있는가 하면, 고대 불교의 지혜, 현대 사회, 새천년을 위한 윤리에 대한 책들도 있다. 이러한 책들을 통해 법왕은 개혁을 부르짖었다. 정치적, 경제적, 기술적, 혹은 종교적 개혁이 아닌 현대 사회의 도덕적 혼란을 극복하기 위한 영적인 개혁이었다. 『마음을 일깨우고 가슴을 밝혀라 Awakening the Mind and Lightening the Heart』는 과거와 현재를 직결시키는 단순한 명상을 통해 일상에서 연민의 마음을 키우는 방법을 설명하는 실용적 대중 입문서다. 『매일의 명상 익히기 Cultivating a Daily Meditation』에는 위대한 불법의 핵심을 간략히 다루면서 일상에서 실천할 수 있는 간단한 명상 수행법을 알려주는 두 편의 담화가 실렸다. 그는 또한 일상에서 연민의 마음과 '공 emptiness'에 대한 광범위한 관점을 얻기 위해 어떤 노력을 해야 하는지 설명한다.

『달라이 라마의 지혜에 관한 작은 책 Dalai Lama's Little Book of Wisdom』은 더 자유롭고 속박에서 벗어난 생활방식을 추구하는 사람들에게 영감을 주는 책이다. 이 책에서 그는 영원한 주제인 사랑, 종교, 정의, 인권, 가난, 문화적 갈등, 환경보호에 대한 자신의 관점을 피력하고 있다. 『망명의 자유: 티베트의 달라이 라마 자서전 Freedom in Exile: The Autobiography of the Dalai Lama of Tibet』은 노벨 평화상을 수상한 이후에 쓴 자서전이다. 이 책에서 그는 자신의 생애와 티베트의 비극을 거리낌 없이 기술하며 이 시대의 쟁점들을 논하고 있다.

달라이 라마는 세계평화, 행복, 내적 균형과 자유의 철학을 믿고 실천하는 사람이다. 티베트와 세계가 평화와 자유를 누리는 것이 평생에 걸친 그의 포부다. 책을 쓰고, 대통령과 관료들을 방문하고, 목적을 가지고 영향력을 행사하는 활동 등이 현재의 달라이 라마를 만들었다. 그는 전 세계 사람들의 큰 존경과 찬사를 한 몸에 받는 세계적인 인사다.

법왕이 대단한 인물이라는 사실에는 의심의 여지가 없다. 그는 수십 년 동안 망명생활을 하는 세계의 시민으로서, 자신과 동포의 평화 독립에 대한 고귀한 명분을 결코 포기하지 않았다. 지구의 모든 나라가 보편적인 조화 가운데서 함께 살아가는 지구 공동체를 구현하자고 설파한다. 연민은 법왕이 설파하는 또 하나의 위대한 덕목이다. 연민이란 다른 사람들을 위하고 보살피는 방식이다. 많은 사람들이 달라이 라마가 지구에 현존하는 가장 고결한 사람들 가운데 하나라고 진심으로 믿는다. 침략, 갈등, 폭력으로 인해 같은 인간에 대한 증오가 만연하는 이 세상에 사랑, 보편적인 연민과 평화를 가르치는 달라이 라마 같은 사람이 있다는 사실이 얼마나 소중한가!

달라이 라마는 "당신의 인생에서 영적 사명이 무엇이라고 생각하는지 간략하게 설명해주시겠습니까?"라는 질문에 다음과 같이 답했다.

저의 사명이란 제가 어디에 있든 친절과 진정한 형제애의 중요성에 관한 저의 생각을 표현하는 것이라고 믿습니다. 이것이 항상 제가 느끼는 바이고, 그 이상理想을 실천하지요. 티베트 공동체를 위해서 저는 이 덕목을 표현하고, 티베트 국민에게 친절의 중요성을 알려줍니다. 그리고 집착을 줄이고, 더 많은 관용을 실천하며, 더 많은 자족감을 누릴 필요가 있다고 가르칩니다. 이러한 자질들은 매우 유용하고 또 가장 중요합니다. 미국, 유럽, 몽골, 어디를 가든 저는 주로 친절의 중요성을 강조합니다. 그리고 일반적으로 대부분의 사람들이 내 생각에 동의하는 것 같습니다. 그래서 그들이 저의 꿈을 지지한다고 느끼죠.

어떤 식으로든 저는 진정한 인간의 형제애를 고양하려고 노력합니다. 인류의 화합은 진정한 형제애에 기초한다고 생각합니다. 불교 수행승으로서 우리가 신앙인인지 아닌지, 배운 사람인지 아닌지, 동양인인지 서양인인지, 북부 사람인지 남부 사람인지는 중요하지 않습니다. 우리 모두 같은 몸을 가진 같은 모습의 인간이라는 점을 인식하는 한 말이죠. 모든 사람은 행복을 원하지 슬픔을 원하지 않습니다. 그리고 우리는 행복할 모든 권리를 가지고 있습니다.

때때로 우리 인간은 정치체계나 경제체계, 인종 등과 같은 부수적인 문제에 너무 많은 중요성을 부여합니다. 이러한 것들의 차이로 인해 많은 차별들이 생기는 것 같습니다. 하지만 상대적이고 기본적인 인간의 행복은 이러한 차이에 근거하지 않습니다. 따라서 저는 항상 인간의 진정한 가치를 이해하려고 노력합니다. 서로 다른 철학과 종교체계는 인간의 행복을 위한 것입니다. 하지만 이 부수적인 문제를 지나치게 강조할 때 문제가 발생합니다. 이러한 체계들 간의 차이란 인간의 행복을 위한 것입니다. 이러한 인간의 가치를 상실한다면 정말이지 너무나 슬픈 일입니다.

그러므로 간단히 말해서 저의 사명은 진정한 친절과 진실한 연민을 널리 설파하는 일입니다. 저 자신도 이러한 자질을 실천하려고 노력합니다. 그리고 그러한 노력이 저에게 행복한 성공을 선사합니다. 제가 분노나 질시, 신랄함을 실천한다면, 확신하건대 나쁜 인상을 주어 더 큰 슬픔을 유발할 것입니다. 제가 분노를 행한다면, 틀림없이 저의 미소는 사라질 것입니다. 제가 진실한 친절을 더 많이 행할수록 저의 만족감은 더욱더 커집니다!

간단히 말해서 우리는 탈 많은 지구에 그렇게 고결한 인물이 생존해 가르침을 펼친다는 사실에 매우 감사해야만 한다. 달라이 라마의 삶과 목적은 자신에게 영감과 결단을 주는 그가 쓴 짧은 기도문에 가장 잘 요약되어 있다.

공간이 지속하는 동안

그리고 생명을 지닌 존재가 머무르는 동안

그때까지 나도 머무르면서

세상의 불행을 없애게 해주십시오.

1

행복의
연금술

진정한 친구, 연민

우리가 의식적으로 생각을 하건 못하건 우리 경험의 밑바닥에는 하나의 커다란 질문이 자리합니다. '인생의 목적이란 무엇인가?' 저는 인생의 목적이 행복이라고 믿습니다. 태어나는 순간부터, 모든 인간은 행복을 원하고 고통은 피하고 싶어 합니다. 존재의 가장 깊은 곳에서 우리는 단순히 자족감을 갈망합니다. 우리가 지구에 살면서 행복한 인생을 만들어갈 임무를 띤 건 분명합니다. 그래서 무엇이 최고 수준의 행복을 가져다주는지 발견하는 일이 중요합니다.

사랑과 연민의 욕구

궁극적으로 사랑과 연민이 최고의 행복을 가져다주는 이유는 단순합니다. 우리의 본성이 무엇보다도 사랑과 연민을 소중히 여기기 때문입니다. 사랑의 욕구는 인간 존재의 가장 밑바닥에 깔려 있습니다. 그것은 우리 모두 깊이 상호 의존하기 때문입니다. 아무리 능력이 있고 재주가 있는 사람일지라도 혼자서는 살아갈 수 없습니다. 인생의 절정기에 아무리 활기차고 자립심이 강한 사람이라도 병이 들거나, 젊었을 때나, 늙었을 때는 다른 사람들의 도움에 의지해야 합니다.

우리는 기계가 아닙니다

우리는 인간이 어떤 존재인지 생각해보아야만 합니다. 우리는 기계가 만든 물건이 아닙니다. 우리가 단지 기계적 독립체에 불과하다면, 기계가 알아서 우리의 모든 고통을 덜어주고 욕구를 충족시킬 수 있을 것입니다. 하지만 우리는 단순히 물질적 존재가 아니기 때문에 모든 행복을 외적 발전에서만 기대하는 건 잘못입니다. 대신 우리에게 필요한 것을 발견하기 위해 우리의 기원과 본성을 생각해야만 합니다. 저는 사랑의 욕구에서 자유로운 사람이란 없다고 믿습니다. 이를 추구하는 현대의 학파가 더러 있기는 하지만, 인간은 단순히 육체적인 존재로만

규정될 수 없습니다. 아무리 아름답고 귀중한 물건이라도, 그것을 보고 사랑받는다는 느낌을 받을 수는 없습니다. 우리의 깊은 정체성과 진정한 특질이 주관적인 마음의 본성에 자리하기 때문입니다.

대화의 힘

우리는 일상생활에서 평범한 대화를 할 때도 누군가와 인간적으로 대화를 하면 기분이 좋아져 그에 따라 반응합니다. 그리고 아무리 사소한 주제일지라도 전체 대화가 흥미로워집니다. 반면 어떤 상대방이 냉정하고 거칠게 말하면 우리는 불편을 느끼고 대화를 속히 끝내고 싶어 합니다. 매우 사소한 일에서 중대한 일에 이르기까지 타인에 대한 애정과 존중은 우리의 행복에 필수적 요소입니다.

연민이란 무엇인가

무엇보다도 먼저 우리는 연민의 의미를 명확히 알아야만 합니다. 여러 형태의 동정심이 욕망, 집착과 뒤섞입니다. 예를 들어 부모가 자식에게 느끼는 사랑은 종종 자신의 정서적 욕구와 밀접하게 연관됩니다. 따라서 그런 사랑은 완전한 연민이 아닙니다. 결혼한 부부간의 사랑도 마찬가지인데, 특히 상대방의 성격을 깊이 알지 못하는 신혼 초에는 순수한 사랑보다는 집착에 더 의존합니다. 욕망이 너무 강하면 집착의 대상이 좋은 사람처럼 보이기도 합니다. 실제로는 매우 부정적인 성격인데도 말입니다. 게다가 우리는 작은 장점을 과대평가하는 경향이 있습니다. 그래서 상대방의 태도가 바뀌면 종종 실망한 나머지 자신의 태도 역시 바꿉니다. 이는 사랑이 다른 사람에 대한 순수한 관심이 아닌 개인적인 욕구 때문이라는 것을 보여줍니다.

진정한 연민

진정한 연민은 단순히 정서적인 반응이 아니라 이성에 기초한 확고한 헌신입니다. 그러므로 타인에 대한 진정한 연민의 태도는 그들이 부정적인 행동을 할지라도 변치 않습니다. 모든 존재가 행복을 열망하고 행복을 얻을 동등한 권리가 있다는 걸 인식한다면, 자연스럽게 다른 사람들에게 공감과 친밀감을 느끼게 됩니다. 이런 보편적인 이타심을 키워나가면 다른 사람들에 대한 책임감 또한 생겨납니다. 그들이 문제를 극복하도록 도와주고 싶은 바람이 생기는 것입니다. 이런 바람은 대상에 따라 선별적으로 생기는 것이 아니라 누구에게나 똑같이 적용됩니다.

만인에 대한 평등

그들이 여러분과 똑같이 희로애락을 느끼는 인간이라면, 사람을 차별하거나 잘못된 행동을 한다고 관심을 놓아버릴 하등의 이유가 없습니다.

　이러한 연민이 우리의 힘, 인내심, 시간 속에서 자라난다는 것을 강조하고 싶습니다.

연민의 장애물

물론 우리의 자기중심주의, 자립적이고 자존적인 '나'에 대한 집착이 기본적으로 연민을 방해합니다. 실제로 진정한 연민은 이러한 종류의 자기 욕심이 제거되었을 때만 경험할 수 있습니다. 하지만 지금 시작해서 발전할 수 없다는 의미는 아닙니다.

어떻게 시작할 수 있을까?

우선 우리는 연민에 방해되는 요소들을 제거하는 일부터 시작해야 합니다. 방해물은 분노와 증오입니다. 잘 알다시피 이러한 감정은 너무 강력해서 우리 마음을 통째로 집어삼킬 수 있습니다. 그럼에도 불구하고 이러한 감정들은 통제가 가능합니다. 하지만 통제되지 않을 경우 이러한 부정적인 감정은 쉽사리 우리를 괴롭히고, 사랑하는 마음이 주는 행복을 얻기 위해 노력하는 우리를 방해할 것입니다. 우리는 깨달아야 합니다. 적이 우리를 해치는 것처럼 보여도 결국에는 그들의 파괴적인 행위로 자신들만 다치게 될 뿐이라는 점을.

자신의 이기심 점검하기

보복하고 싶은 우리의 이기적 충동을 점검하기 위해서는 연민을 실천하려는 자신의 욕망을 상기하고, 타인이 자기 행위의 결과로 고통받지 않게 도우려는 책임감을 기억해야만 합니다. 그러면 행동을 냉정하게 선택하게 되어 더욱 효과적이고, 정확하며, 강력한 결과를 얻게 될 것입니다. 분노에 눈이 먼 보복은 목표를 달성하는 일이 좀처럼 없습니다.

적은 나의 친구

연민과 사랑을 소중히 여기는 사람에게 관용의 실천은 기본입니다. 이런 이유로 적의 존재는 필수적입니다. 그래서 우리는 적에게 감사해야 합니다. 고요한 마음을 키우도록 도와주는 최고의 대상이기 때문입니다! 사적이거나 공적인 생활 모두에서 상황이 바뀜에 따라 적이 친구가 되는 일이 종종 일어납니다.

진정한 친구를 사귀려면

물론 우리 모두가 친구를 원한다는 건 자연스럽고 당연한 일입니다. 저는 종종 농담으로 정말로 이기적인 사람이 되고 싶다면 매우 이타적인 사람이 되어야 한다고 말합니다! 우리는 다른 사람들을 잘 보살피고, 그들의 안녕에 신경을 쓰며, 돕고, 봉사하며, 더 많은 친구들을 만들고, 더 많이 웃어야 합니다. 그 결과 어떻게 될까요? 우리가 도움을 필요로 할 때, 도와주겠다는 사람이 많아질 것입니다. 반면 우리가 다른 이들의 행복을 등한시할 경우 장기적으로 볼 때 실패자가 될 것입니다. 애정만이 진정한 친구를 만듭니다. 물질적인 현대 사회에서는 돈이나 권력이 있을 때 많은 친구들을 가질 수 있을 것 같지만, 그들은 진정한 친구가 아닙니다. 그들은 우리가 가진 돈과 권력의 친구인 것입니다. 우리가 부와 영향력을 잃으면 그들의 모습을 찾기란 쉽지 않을 것입니다. 문제는 상황이 호전되었을 때 우리는 혼자서 잘 꾸려간다는 자신감을 갖게 되어 친구가 필요하지 않다고 느낀다는 점입니다. 하지만 우리의 처지와 건강이 악화되면 그동안의 실수를 깨닫게 됩니다. 그 순간 우리는 진정으로 도움을 주는 사람과 전혀 도움이 되지 않는 사람을 구별할 수 있게 됩니다. 그 순간을 준비하기 위해, 도움이 필요할 때 도와줄 수 있는 진정한 친구를 만들기 위해 이타심을 키워야 합니다.

글로벌 인류 공동체

우리가 개인적으로 행복하다면 전 인류 공동체의 전반적인 발전에 효과적으로 기여할 수 있습니다. 우리 모두가 사랑에 대한 동일한 욕구를 지녔기에, 어떠한 상황에서 누구를 만나든 형제, 자매라는 느낌을 가질 수 있습니다.

평등한 인류

아무리 얼굴이 다르고, 신체가 다르고, 행동이 다른 사람들일지라도 우리와 타인은 크게 다를 바가 없습니다. 외적인 차이에 신경을 쓰는 건 어리석은 일입니다. 우리의 본성이 기본적으로 같기 때문입니다.

인류는 하나입니다

궁극적으로 인류는 하나이며 이 작은 행성은 우리의 유일한 집입니다. 우리가 집을 보호해야 한다면 각자 보편적인 이타심을 경험할 필요가 있습니다. 이타심이야말로 유일하게 사람들에게 못할 짓을 하고 기만하게 만드는 자기중심적인 동기를 제거할 수 있습니다. 우리가 진실하고 열린 마음을 갖는다면 자연스럽게 자존감과 자신감이 생겨 다른 사람들에게 두려운 존재가 될 필요를 느끼지 못합니다.

행복한 세상의 비결

가족, 부족, 국가, 세계 등 사회의 모든 단계에서 더 행복하고 성공적인 세상을 위한 비결은 연민의 마음을 키우는 것이라고 믿습니다. 종교적이 될 필요도 없고 이념을 믿을 필요도 없습니다. 각자가 좋은 품성을 개발하기만 하면 그것으로 족합니다. 저는 누구를 만나든 오랜 친구를 대하듯 합니다. 이것이 저에게 진정한 행복을 가져다줍니다. 더 행복한 세상을 만들 때입니다.

14대 법왕 달라이 라마의 공식 웹사이트에 게재된 '연민과 개인'에서 발췌.

글로벌 책임감의 파워

세상이 점점 작아지고 전 세계 사람들이 하나의 공동체가 되고 있습니다. 정치, 군사적 동맹으로 커다란 다국적 집단이 형성되고 산업과 국제 무역이 지구촌 경제를 만들었습니다. 과거와 달리 전 세계를 연결하는 통신망 덕분에 거리, 언어, 인종의 장벽이 사라지고 있습니다. 또한 우리는 인구 과잉, 천연자원의 고갈, 우리가 공유하는 이 작은 행성에 사는 생물체의 아름다운 삶의 형태들과 함께 공기, 물, 나무를 위협하는 환경 위기와 같은 심각한 당면 문제들을 해결하기 위해 협력하고 있습니다.

보편적 책임감의 필요성

도전에 직면한 이 시대에 우리는 보편적 책임감을 더욱 키워야 한다고 믿습니다. 우리는 각자 자신이나 가족, 나라만이 아니라 인류 모두의 이익을 위해 사는 법을 배워야 합니다. 보편적 책임감은 인류 생존의 진정한 열쇠입니다. 이는 세계평화를 이루고, 천연자원을 공정하게 사용하며, 미래 세대를 위해 환경 보호를 하기 위한 초석입니다.

인류는 한 가족입니다

좋든 싫든 우리 모두는 거대한 인류가족의 일부로 지구상에 태어났습니다. 타인도 우리와 같은 인간입니다. 우리는 누구나 행복을 바라며 고통을 원치 않습니다. 요즘에는 지구의 한 지역에서 발생하는 일이 종국에는 지구 전체에 영향을 끼치고 있습니다. 따라서 중대한 지역 문제가 시작되는 순간부터 그것을 전 지구적인 문제로 다뤄야 합니다. 저는 이 사실을 희망의 원천으로 봅니다. 협력의 필요성만이 인류를 강하게 만들 수 있습니다. 더욱더 발전적이며, 행복하고, 안정적이며, 문명화된 미래를 위해서 우리 모두는 진실되고 가슴 따뜻한 형제애를 반드시 함양해야 합니다.

이타주의는 치료약

티베트인들은 많은 병들이 사랑과 연민이라는 하나의 약으로 치유될 수 있다고 말합니다. 이러한 성정은 인간이 행복해지는 데 궁극적인 원천이며, 이에 대한 욕구는 우리 존재의 가장 깊은 곳에 자리합니다. 불행히도 사랑과 연민은 너무 오랫동안 많은 사회 교류의 영역에서 제외되었습니다. 대개는 가족과 가정에 국한된 채 공적인 생활에서 사랑과 연민을 실천하는 것은 비실용적이거나 심지어 순진한 행동으로 간주됩니다. 저의 관점에서 볼 때 이는 슬픈 일입니다.

이타주의 실천하기

연민으로 가득 찬 마음은 범람하는 호수와 같으며, 끊임없는 에너지, 결단, 친절의 원천입니다. 그 마음은 씨앗과도 같습니다. 씨앗이 자라면 용서, 관용, 내면의 힘, 두려움과 불안을 극복하는 자신감 등과 같은 많은 품성들을 낳습니다. 연민의 마음은 묘약과 같습니다. 나쁜 상황을 유익한 상황으로 변모시킬 수 있으니까요.

갈등 해결하기

해결이 불가능해 보일 때는 양측이 서로를 연결하는 기본이 되는 인간의 본성을 상기해야만 합니다. 양측이 모두 양보하면 적어도 더 큰 갈등이 일어날 위험을 피할 수 있습니다. 우리 모두는 이러한 형태의 타협이 문제를 해결하는 가장 효과적인 방법이라는 것을 압니다. 그렇다면 이런 방법을 자주 사용하면 안 될까요? 저는 꿀벌과 같은 작은 곤충의 사례에서 감동을 느낄 때가 많습니다. 자연법칙에 따라 꿀벌은 생존을 위해 함께 협력합니다. 일반적으로 꿀벌 집단은 협력을 기반으로 생존합니다. 하지만 우리 인간은 특별한 자질이 많음에도 불구하고 실천에 있어서는 곤충만도 못합니다. 어떤 면에서 저는 우리가 꿀벌보다 가난하다고 생각합니다.

물질적 성장에 대한 과도한 강조

우리는 물질을 추구하는 데 너무 몰두한 나머지 사랑, 친절, 협력, 보살핌에 대한 인간의 기본적인 욕구를 등한시했습니다. 우리의 토대인 본질적인 인간성을 상실하고 오로지 물질적인 발전만을 추구해서 어쩔 건가요?

비폭력과 국제 질서

비폭력을 진정으로 실천하는 일은 전 세계적으로 아직도 실험 중입니다만, 사랑과 이해를 토대로 비폭력을 추구하는 일은 신성합니다. 이 실험이 성공한다면 훨씬 더 평화로운 세상으로 가는 길을 열 수 있습니다.

이타주의의 필요성

국제 문제를 해결하는 데 연민을 불러오려면 많은 노력이 필요할 것입니다. 경제적 불평등, 특히 선진국과 개발도상국 간의 불평등은 지구상에서 가장 큰 고통의 원천입니다. 경쟁과 부에 대한 욕망이 아닌 이타주의가 사업의 원동력이 되어야 합니다.

과학윤리의 중요성

또한 현대의 과학 분야에서 인간의 가치 존중을 재차 강조할 필요가 있습니다. 이타적인 동기가 없다면 과학자들은 유익한 기술과 단순한 편의주의를 구별할 수 없습니다. 우리 주변에서 일어나는 환경 파괴는 이런 혼동에서 기인한 가장 명백한 사례입니다. 특히 생명의 섬세한 구조를 조작할 수 있는 새롭고 놀라운 생명공학 분야에서는 합당한 동기가 더욱더 요구됩니다.

종교는 책임을 면할 수 없습니다

종교의 목적은 관용, 너그러움, 사랑과 같은 긍정적인 인간의 자질을 향상시키는 것입니다. 우리는 이기심을 줄이고 다른 사람들을 위해 봉사해야 합니다. 모든 종교의 전통은 그것들 나름대로의 고유한 가치와 정신적, 영적 건강을 위한 방법을 가지고 있습니다.

세계평화를 위한 무장해제

엄청나게 파괴적인 무기에 의해 수많은 사람들이 살해되는 비극을 목격하는 이 시대에 우리가 무기를 축소해야 하는 건 분명합니다. 대규모의 군대를 제거하고 국제 통합군을 운영하는 데 따르는 모든 갈등의 요소가 사라진다면 큰 나라건 작은 나라건 모두가 정녕 평등해질 것입니다. 무기 생산을 중단하면 경제적으로도 큰 이득이 뒤따라서 예상치 않은 발전이 지구에 찾아올 것입니다.

평화의 구역

저의 제안은 이렇습니다. 한 나라 또는 여러 나라들에 군사력을 행사할 수 없는 평화의 구역을 지정하여 각 공동체의 '중심'

이 되게 하는 것입니다. 지역 공동체 운동과 함께 평화의 구역은 안정의 오아시스 역할을 할 수 있습니다. 규정을 정하여 중대한 변화가 발생할 시에는 유엔이 중재해야 합니다.

비폭력주의

저는 미래에 대해 낙관적입니다. 오늘날 지구상의 모든 이가 세계평화에 관심을 갖고 있습니다. '비폭력적인 사람들의 힘' 운동의 출현은 반론의 여지없이 인류가 압제통치 아래서는 견딜 수 없고 제대로 기능할 수도 없다는 점을 보여줬습니다.

과학과 종교

또 하나의 희망적 사실은 과학과 종교의 양립 가능성이 커졌다는 것입니다. 오늘날 물리학, 생물학, 심리학은 매우 정교한 수준에 도달해 많은 연구자들이 우주와 생명의 궁극의 본질을 캐는 심오한 질문을 내놓기 시작했습니다. 이런 질문들은 종교의 기본적 관심사입니다. 따라서 더 통일된 관점이 나타날 가능성이 존재합니다. 예로부터 동양은 마음의 이해에, 서양은 물질에 관심을 기울여 왔습니다. 이제 동서양이 만났으므로 정신적이고 물질적인 삶의 두 관점이 더욱더 조화를 이룰 것입니다.

지구에 대한 우리의 태도

지구에 대한 우리의 태도가 급속히 변화하는 것은 희망의 신호입니다. 이제 정부뿐만 아니라 개인도 새로운 생태계의 질서를 모색하고 있습니다. 우리의 푸른 행성은 우리가 아는 가장 쾌적한 거주지입니다. 지구의 생명은 우리의 생명입니다. 지구의 미래는 우리의 미래입니다. 지구 자체가 지각 있는 생물체라고는 믿지 않지만, 지구는 정녕 우리의 어머니 역할을 합니다. 그래서 우리는 아이처럼 지구에 의존합니다.

결론

저는 모든 개인이 우리의 지구 가족을 바른 방향으로 이끌 책임이 있다고 믿습니다. 소원을 비는 것만으로는 부족합니다. 우리는 책임을 져야 합니다. 대규모 운동은 개인들의 주도로 시작됩니다. 우리 각자가 단순히 이타적인 동기를 향상시킴으로써 다른 사람들을 고무할 수 있습니다. 저는 개인이 사회를 바꿀 수 있다고 진정으로 믿습니다. 현재와 같은 대변화의 시기는 인류 역사에 흔치 않은 일입니다. 이 시기를 잘 이용하여 더욱더 행복한 세상을 만드는 일이 우리 각자에게 달렸습니다.

14대 법왕 달라이 라마의 공식 웹사이트에 게재된 메시지 '지구 공동체'와 '보편적 책임의 필요성'에서 발췌.

먼저, 연민을!

불교 심리학에 따르면 우리가 겪고 있는 문제 대부분이 우리가 영원할 것이라고 착각하는 욕망과 집착에서 기인합니다. 우리가 욕망하고 집착하는 것들을 추구하다 보면 공격하고 경쟁하는 것이 효과적이라고 생각하게 됩니다. 이러한 정신 과정은 쉽게 행동으로 옮겨져 분명한 결과물로서의 피비린내 나는 전쟁을 낳습니다. 이러한 '독소류poisons', 즉 착각, 탐욕, 공격성을 어떻게 통제하고 다스릴 수 있을까요? 세상에서 일어나는 거의 모든 문제의 뒤편에 이러한 독소류가 있으니까요.

연민을 가져야 하는 이유

우리는 누구나 고통을 피하고 행복을 얻기 바랍니다. 또 이러한 생각은 행복에 대한 보편적인 열망을 결정하는 '나'의 느낌에 근거합니다. 실제로 모든 존재는 유사한 욕망을 갖고 태어나며, 그 욕망을 충족시킬 평등한 권리를 지닙니다. 더구나 티베트의 불교 전통은 모든 지각 있는 중생을 사랑하는 어머니처럼 여기고, 그들을 모두 사랑함으로써 감사를 표하라고 가르칩니다. 불교 교리에 따르면 우리는 수없이 많은 생을 윤회하며, 각각의 존재는 어느 생애에선가 우리의 부모였을 수도 있습니다. 이렇듯 우주 속 인간은 가족 관계를 공유합니다. 종교가 있든 없든, 사랑과 연민을 감사하지 않는 사람은 없습니다. 태어난 그 순간부터 우리는 부모의 보살핌과 친절에 의존합니다. 인생의 후반기에 질병과 노쇠로 고통받을 때 우리는 또다시 다른 사람들의 친절에 의존합니다. 인생의 시작과 끝에서 다른 사람들의 친절에 의존한다면, 인생을 살면서 다른 사람들에게 친절하지 못할 이유가 무엇입니까?

고요와 마음챙김

영적인 발전의 또 다른 결과는 고요와 마음챙김입니다. 우리 삶은 끊임없는 변화 속에서 많은 어려움과 맞닥뜨립니다. 마음이 고요하고 청명하면 문제를 성공적으로 해결할 수 있습니다. 증오, 이기심, 질투, 분노로 마음의 통제력을 상실하면 판단력을 잃게 됩니다. 마음의 눈이 머는 순간에는 전쟁을 비롯해 무슨 일이든 일어날 수 있습니다. 따라서 연민과 지혜의 실천은 모든 이에게 유용합니다. 특히 국무를 수행하며 세계평화의 뼈대를 만드는 권력과 기회를 손 안에 쥔 사람들에게는 더욱 그렇습니다.

친밀감을 키우세요

모든 사람에게 느끼는 친밀감은 흔히 전통적인 종교 수행에서 연상되는 독실함과는 관련이 없습니다. 친밀감은 우리가 개발하고 적용해야 할 강력한 느낌입니다. 하지만 우리는 이 감정을 종종 무시합니다. 특히 거짓된 안정감을 경험하는 인생의 전성기에 그렇습니다. 장기적인 관점, 즉 모든 사람이 행복을 원하고 고통을 원치 않는다는 사실을 고려하고 무수한 다른 사람들과 비교하여 우리가 상대적으로 하찮은 존재임을 명심한다면, 우리의 소유물을 다른 사람들과 나눌 가치가 있다는 결론에 도달할 수 있습니다. 이러한 관점에서 마음을 수양한다면 진정한 연민, 즉 다른 사람들에 대한 진정한 사랑과 존경심이 가능해집니다. 의식적으로 개인적인 행복을 추구하지 않게 됩니다. 개인적인 행복은 다른 사람들을 사랑하고 섬기는 전체의 과정 속에서 훨씬 우수한 부산물로서 저절로 생겨납니다.

세계평화를 위한 세계 종교

지금까지 논의한 원리는 세계의 모든 종교의 윤리관과 일치합니다. 교리의 차이는 문화적인 영향과 더불어 시대와 상황의 차이에서 기인합니다. 접근법의 작은 차이를 따지기보다는 모든 종교가 공유하는 좋은 가르침을 일상에서 실행하는 편이 훨씬 유익합니다. 저는 종교 간 이해를 위해 세계의 다양한 지역들에서 이뤄지는 노력을 환영합니다.

우리의 과제

첫째, 우리는 종교 간의 이해를 더욱더 발전시켜야 합니다. 둘째, 모든 사람의 마음을 움직이고 전반적인 인간의 행복을 향상시키는 기본적인 정신적 가치에 대한 실질적인 합의를 이끌어내야 합니다. 저는 세계의 지도자들이 일 년에 한 번 아름다운 장소에서 사사로이 만나 인간적으로 친해질 것을 제안합니다. 그러면 후에 상호 문제와 지구 문제를 논의하기 위해 만날 수 있을 테니까요.

관광산업의 육성

개인 간 교류를 증진시키기 위해 저는 국제 관광산업이 더욱더 육성되기를 바랍니다. 또한 대중매체는 인류의 궁극적인 일체성을 반영하는 인간미 넘치는 품목을 많이 보도함으로써 세계 평화에 중대한 기여를 할 수 있습니다. 저는 모든 국제 조직, 특히 유엔이 인류에 최대의 혜택을 보장하고 더욱더 적극적이고 효과적으로 국제적인 이해를 향상시키기를 바랍니다. 유엔은 작고 압제받는 나라의 유일한 희망이며 크게는 지구의 희망이므로 모든 사람들로부터 존중받아야 할 국제기구입니다. 저는 초국가적인 조직들이 더 많이 생겨나기를 기대합니다. 특히 경제발전과 지역 안정이 미흡한 지역에서 말입니다.

윤리를 상실한 정치

윤리를 상실한 정치는 인간의 복지를 향상시키지 않습니다. 그리고 비도덕적인 삶은 인간을 동물의 수준으로 끌어내립니다. 종교와 윤리는 정치와 상관이 없으며, 종교적인 사람은 은둔자처럼 모습을 드러내지 말아야 한다는 통념에 저는 의문을 갖습니다. 종교에 대한 그러한 관점은 너무 단편적이어서, 개인과 사회의 관계 그리고 생활 속의 종교의 역할에 대한 적절한 시각이 결여되어 있습니다. 윤리는 종교 수행자뿐만 아니라 정치가에게도 매우 중요합니다. 정치가와 법이 도덕 원칙을 망각한다면 위험한 결과를 초래할 것입니다.

도덕적 타락을 멈추려면

도덕적 타락을 멈추라고 떠들썩하게 요구하는 것으로는 충분치 않습니다. 우리는 뭔가 해야만 합니다. 이 시대의 정부들은 '종교적' 책임을 짊어지지 않기 때문에, 인도주의와 종교 지도자들이 현존하는 시민, 사회, 문화, 교육, 종교 조직들을 강화하여 인간과 종교 가치를 부활시켜야만 합니다. 필요하다면 이 목표를 이루기 위해 새로운 조직을 창설해야 합니다. 희망하건대 그래야만 세계평화를 위해 더욱더 안정적인 기반을 만들 수 있습니다.

동료 시민들의 고통을 나누세요

사회에 살면서 우리는 동료 시민들의 고통을 나누고, 사랑하는 사람뿐만 아니라 적에게도 연민과 관용을 실천해야 합니다. 우리는 타인에게 요구하는 것과 동일한 수준의 높은 진실성과 희생정신에 입각해 살아야 합니다. 모든 종교의 궁극의 목적은 인류에게 봉사하고 인류를 이롭게 하는 것입니다. 종교가 단지 다른 사람들을 개종시키는 목적이 아닌, 모든 존재의 행복과 평화를 위해 쓰여야 하는 이유가 여기에 있습니다. 종교에는 국경이 없습니다. 중요한 건 각자 자신에게 가장 적합한 종교를 선택하는 것입니다. 하지만 특정한 종교를 받아들이는 것이 다른 종교나 자신이 소속된 공동체를 거부하는 것을 의미하는 건 아닙니다. 중요한 사실은 실제 종교를 가진 사람들이 자신이 속한 사회에서 스스로를 고립시키지 말아야 한다는 것입니다. 그들은 공동체 안에서 그 구성원들과 조화를 이루며 계속 살아가야 합니다. 실제 다른 사람들을 이롭게 하는 것이 종교의 근본 목표이므로 공동체에서 도망치면 다른 사람들을 이롭게 할 수 없습니다.

자기 점검과 자기 수정

우리는 다른 사람들에 대한 자신의 태도를 지속적으로 점검하는 한편, 자기 자신 또한 주의 깊게 점검해야 합니다. 그리고 자신이 잘못된 길로 빠진 걸 발견하면 즉시 수정해야만 합니다.

물질적 발전의 한계

사람이 우선한다는 전제하에 물질적 발전 자체는 아무 문제가 없습니다. 모든 방면에서 인간의 문제를 해결하기 위해서는 물질적 진보를 영적 성장과 결합하고 조화시켜야 합니다. 하지만 그 한계 역시 알아야 합니다. 과학과 기술의 형태를 띤 물질주의적 지식이 인간의 행복에 크게 기여해왔지만, 그것이 영구적인 행복을 가져다주지는 못합니다. 예를 들어 다른 어느 나라보다 기술이 발전한 미국에서도 아직 물질적 고통은 매우 큽니다. 이는 물질주의적 지식이 물리적인 조건에 의존하는 행복만을 제공할 수 있기 때문입니다. 물질주의적인 지식은 외적 요소와 구별되는 내적 발전에서 비롯된 행복을 제공할 수 없습니다.

인간의 가치 회복

인간의 가치를 회복하고 영구적인 행복을 얻기 위해서 우리는 세계 모든 나라의 인도주의적 유산을 살펴볼 필요가 있습니다.

진심 어린 호소

지금까지 쓴 내용은 제가 지속적으로 느끼고 있는 생각입니다. '외국인'을 만날 때면 저는 언제나 "인류가족 중의 한 사람을 만나는구나" 하고 느낍니다. 이런 태도를 지니면 모든 존재에 대한 애정과 존경이 더욱 깊어집니다. 이러한 자연스런 소망이 세계평화에 작게나마 기여하기를 바랍니다. 저는 이 행성에 사는 인류가족이 더욱더 다정하고, 서로를 아껴주고, 이해심 많은 사람이 되기를 기도합니다. 이것이 고통을 싫어하고 영구적인 행복을 소중히 여기는 모든 이들을 향한 저의 간절한 호소입니다.

14대 법왕 달라이 라마의 공식 웹사이트에 게재된 메시지 '연민은 세계평화의 기둥'에서 발췌.

인류는 하나입니다

급격한 인구 증가와 함께 국민과 정부 간의 교류도 증가하면서 세상은 점점 좁아지고 서로가 서로에게 더욱 의존하게 됩니다. 이런 점에서 서로 간의 관계, 크게는 지구와의 관계와 관련하여 개인, 국민, 국가의 권리와 책임을 재평가하는 일이 가장 중요합니다.

우리 모두는 같은 인간입니다

우리 모두는 동일한 인간의 욕구와 관심을 공유합니다. 우리는 행복을 추구하며, 인종, 종교, 성 혹은 정치적 지위에 상관없이 고통을 피하려고 합니다. 인간 그리고 모든 지각 있는 중생은 누구나 행복을 추구하고 평화와 자유 안에서 살 권리가 있습니다. 자유로운 인간으로서 우리는 특유의 지능을 사용하여 우리 자신과 세계를 이해할 수 있습니다.

인권 침해의 부작용

인권의 침해는 사회의 정치, 사회, 문화, 경제발전을 저해합니다. 그리하여 인권과 자유를 보호하는 일은 개인과 사회 전체의 발전에 대단히 중요합니다. 다른 사람들에게 고통을 가하는 것은 근본적으로 행복이 어디서 오는지 이해하지 못하기 때문입니다. 다른 사람들에게 고통을 줌으로써 자신이 행복해진다거나 자신의 행복이 너무 중요해 다른 사람들의 고통은 무시하는 사람들이 있습니다. 하지만 다른 존재를 해침으로써 진정 이익을 얻는 사람은 아무도 없습니다.

인간의 창조적 잠재력

우리가 창조적인 잠재력을 발휘할 수 없게 된다면, 인간의 기본적인 특질을 빼앗기는 셈입니다. 인권 학대의 희생양이 되는 사람들은 종종 가장 재능 있고, 헌신적이며, 창조적인 인물들입니다.

사랑과 연민의 양성

더 살맛 나고 평화로운 세상을 창조하기 위한 비결은 다른 사람들에 대한 사랑과 연민을 키우는 것입니다. 이는 자연스럽게 우리보다 불행한 환경에 처한 형제, 자매에 대한 관심을 키운다는 의미입니다. 이러한 점에서 민간단체가 핵심적인 역할을 합니다. 우리는 모든 인간의 권리를 존중할 필요성을 일깨울 뿐만 아니라 인권 침해의 희생자들에게 더 나은 미래에 대한 희망을 주어야 합니다. 전 지구적인 시각에서 생각할 필요가 있습니다. 한 국가의 행위가 국경을 넘어 멀리에까지 영향을 미치니까요.

인권과 자유에 따른 책임감

우리가 매우 소중히 여기는 인권과 자유를 요구한다면 책임감 또한 인식해야 할 것입니다. 다른 사람들 역시 평화와 행복에 대한 동등한 권리를 가진다는 점을 수용한다면, 곤경에 처한 사람들을 도울 책임이 있는 것 아닙니까? 근본적인 인권을 존중하는 일은 이상이 아닌 모든 인간 사회가 갖추어야 할 기본 토대입니다. 보편적인 구속력을 지닌 세계인권선언과 국제인권서약에 명시된 인권의 기준을 수용하는 것이 인권이 축소되는 이 시대에는 반드시 필요합니다. 인권 존중은 유럽이나 미국 대륙에 사는 사람들에게 중요한 만큼 아프리카와 아시아에 사는 사람들에게도 중요합니다. 문화적, 역사적 배경이 어떻든 모든 인간은 위협받거나 수감되거나 고문받을 때 고통을 느낍니다. 인권 문제는 근본적으로 매우 중요하므로 이 관점에 차이란 있을 수 없습니다. 따라서 우리는 세계 인권 존중의 필요성뿐만 아니라 이 권리의 정의에 대한 전 지구적인 합의를 강력히 주장해야만 합니다.

독재와 전체주의 체제

이러한 체제는 자국민을 장기적으로 더욱 이롭게 한다는 보편적인 원리를 존중하고 따라야 합니다. 지난 몇 해 동안의 급격한 변화에서 인권의 승리가 필연적이라는 점을 명확히 알게 되었습니다. 아무리 강한 폭력이라도 자유와 존엄에 대한 인간의 기본 욕망을 진압하지는 못합니다. 인간의 본성은 귀중한 자유의 공기를 호흡하고 싶어 합니다. 우리의 형제, 자매가 난폭한 대우를 받을 때 저항하는 것은 지구 인류가족으로서의 당연한 권리입니다. 그뿐 아니라 어떠한 방식으로든 그들을 돕는 것이 우리의 의무이기도 합니다.

평등의 원리

평등의 원리, 즉 인권 개념의 근본적인 원리에 대한 우리의 약속이 진지하다면, 오늘날의 경제적 격차를 더 이상 간과해서는 안 됩니다. 모든 이가 존엄을 누려야 한다고 말하는 것만으로는 충분치 않습니다. 행동으로 옮겨야만 합니다. 우리는 세계의 자원을 더욱더 평등하게 분배할 방법을 모색할 책임이 있습니다. 현재 세계에서는 인권과 민주적 자유를 향상시키기 위한 대규모의 대중 운동이 일어나고 있습니다. 이 운동은 더욱더 강력한 정신적인 힘이 되어야 합니다. 그래야 압제적인 정부와 군대가 그 힘을 제압하지 못합니다. 국가, 국민, 개인이 인권과 자유에 대한 존중을 요구하고, 탄압, 인종주의, 경제적 착취, 군사적 점령, 다양한 형태의 식민주의와 외국 통치에 저항하는 것은 자연스럽고 온당한 일입니다. 정부는 말만 앞세울 것이 아니라 그러한 요구들을 적극적으로 지원해야 합니다.

21세기 공동체

세계는 점점 하나의 공동체가 되어 갑니다. 인구 과잉, 천연자원의 고갈, 지구에서의 생존 기반을 위협하는 환경 위기라는 심각한 문제들을 해결하고자 전 세계가 머리를 맞대고 있습니다. 인권, 환경보호, 바람직한 사회, 경제적 평등은 모두 서로 연결됩니다. 이 시대의 도전에 대처하기 위해서는 우리가 보편적인 책임감을 더욱더 키워야 합니다. 우리 각자는 자신, 가족, 국가만이 아닌 모든 인류의 이익을 위해 힘쓰기를 배워야 합니다. 보편적인 책임감은 세계평화를 위한 최선의 기반입니다.

협력의 욕구

협력의 욕구는 그야말로 인류를 강하게 만들 수 있습니다. 협력을 통해 우리는 새로운 세계 질서의 가장 안전한 기초가 폭넓은 정치, 경제적인 제휴뿐만 아니라 각 개인의 진실한 사랑과 연민임을 인식하게 됩니다. 이러한 자질들은 인류 행복의 궁극적 원천이며, 인간 존재의 가장 중심부에 자리합니다.

연민을 실천하는 삶

연민을 실천하는 일은 이상이 아닙니다. 그것은 자신뿐만 아니라 다른 사람들의 최선의 이익을 추구하는 가장 효과적인 방법입니다. 우리가 서로 더 의존하게 될수록, 다른 사람들의 행복을 보장하는 것이 우리에게 더 유익합니다.

서로 도와야 합니다

저는 상호의존성에 대한 존중을 방해하는 주된 요인 중 하나가 경제발전에 대한 과도한 강조라고 생각합니다. 우리는 경제발전에 지나치게 몰두한 나머지 자신도 모르게 연민, 보살핌, 협력과 같은 가장 기본적인 자질을 등한시해 왔습니다. 우리는 누군가를 모르거나 어느 개인이나 단체에 연결되어 있다고 느끼지 않으면, 그들의 욕구를 무시하곤 합니다. 하지만 인간 사회가 발전하기 위해서는 우리가 서로 도와야 합니다.

개인이 변화시킬 수 있습니다

저는 개인이 사회를 변화시킬 수 있다고 굳게 믿습니다. 모든 개인은 우리 지구촌 가족을 더 많이 도와야 하고 올바르게 이끌 책임이 있습니다. 그리고 우리는 각자 그 책임을 떠맡아야 합니다.

불교 수행승으로서

불교 수행승으로서 저는 연민의 마음을 키우려고 노력합니다. 단순히 종교적인 수행이 아닌 한 인간으로서 말입니다. 이러한 이타적인 태도를 강화하기 위해 저는 때때로 모든 사람들과 마주하고 있는 저의 모습을 상상합니다. 그리고 이렇게 묻습니다. "누구의 이익이 더 중요할까?" 그 순간 나 자신이 아무리 중요하다고 한들 숫자와 중요성에서 무한한 저 사람들에 비하면 저는 그저 한낱 개인에 지나지 않는다는 생각이 분명히 듭니다.

민간단체인 국제연합세계인권회의 비엔나 연설에서 발췌.

고요한 마음에 이르는 법

모든 존재가 행복을 원하고 고통을 피합니다. 간략히 말해서 이 생에서 일어나는 크고 작은 고통은 종교적인 수행을 이해하지 못하고 그것을 활용하지 못해서 발생합니다. 종교를 이해하고 실천한다면 모든 고통이 사라질 수 있습니다. 왜 그럴까요? 그러한 모든 어려움은 자존심, 인색함, 질투심, 욕망, 증오, 모호함과 같은 것들에 의존해서 발생할 뿐입니다.

화학물질과 무기의 시대

화학물질과 무기의 시대에는 외적인 물질문화가 발전하고 확대되어 갑니다. 동시에 내적인 각성과 태도 또한 개발하고 확대하는 일이 매우 중요합니다.

현상을 구별하는 지혜

불도에서는 내면의 문화가 사고와 명상을 통해 성취됩니다. 그리고 그러기 위해서는 생각하고 명상하는 방식을 알아야 합니다. 그래서 저는 「인식의 눈 뜨기 Opening the Eye of Awareness」라는 제목의 소논문을 발간해 현상을 완전히 구별하는 지혜에 관해 상세히 설명했습니다.

자족감에 이르는 길

우리는 정신적인 문제들을 종교적인 수행을 통해 완화하고 극복함으로써 다른 사람들의 의견에 관심을 가지게 될 뿐만 아니라 자족감을 얻게 됩니다. 몸과 마음은 기분 좋은 고요 속에 머물게 되어 참을 수 없는 고통은 발생하지 않습니다.

내생으로의 여행

한편 우리는 이생의 행복에만 만족해서는 안 됩니다. 내생은 더 긴 여행입니다. 그래서 우리는 장기적인 이익을 확보해야 합니다. 내생에서 행복을 얻고 고통을 줄이는 방법을 얻기 위해 힘써야 합니다. 종교적인 수행 외에 다른 기법을 통해서 그러한 행복을 성취하기란 불가능합니다.

환생의 존재 이유

전생과 내생은 진정으로 존재합니다. 그 이유는 지금 성인이 된 우리가 작년의 마음 상태, 그 전해의 마음 상태, 그리고 어린 시절의 마음 상태를 기억하기 때문입니다. 이 사실은 성인으로서 현재의 마음으로 이어진 과거의 연속체로서의 마음이 존재한다는 직접적인 경험 안에서 성립됩니다. 같은 방식으로 이생의 의식 시작 또한 우연히 생겨난 것이 아니며, 영구적인 어떤 것에 의해서 생겨난 것도 아니고, 생각 없는 물질에서 생겨나지도 않았습니다. 그렇다면 물질이 여러 타입의 중대한 원인이 될 것입니다. 따라서 의식은 같은 타입의 중대한 원인으로부터 생겨났음이 틀림없습니다.

전생에 만들어진 마음

이런 경우 인과의 관점에서 새로운 생의 마음 자체는 총명과 앎의 요소인 지각 혹은 인식입니다. 따라서 지각이나 인식은 총명과 앎의 요소에 선행합니다. 이러한 이전의 마음은 전생에 만들어진 마음이라고밖에 말할 수 없습니다. 육체적인 요소가 마음의 중대 원인으로 작용했더라면 문제가 생겼을 것입니다. 마치 시체가 의식이 있는 것처럼 말입니다. 그래서 육신이 성장하거나 퇴보하면 의식도 성장하거나 퇴보해야 할 것입니다.

정신적인 독립체

정신적인 독립체가 되기에 적합한 어떤 것을 마음의 중대한 원인이라고 부릅니다. 육체는 단지 마음을 조금 확장하거나 수축하는 협력 조건의 역할을 합니다. 육체는 마음의 중대한 원인으로 작용하지 않습니다. 따라서 마음이 아닌 것이 마음이 되거나 마음이 마음이 아닌 것이 되는 일은 전혀 일어나지 않습니다.

형체 없는 마음의 변화

형체 없는 마음의 변화는 물리적인 변화와는 다릅니다. 감정이 없는 물질은 형체 없는 지각력과 의식이 될 수 없습니다. 일례로 지식 분야에서 두각을 나타내는 지성적인 부모가 바보 같은 자식을 갖는 경우를 보면 알 수 있습니다.

전생에서 비롯된 마음

부모의 몸이나 마음의 인자가 이생에서 자식의 마음이 되는 건 아닙니다. 전생에서 비롯된 마음이 현생의 마음의 중대한 원인으로 작용합니다. 그리고 현재 부모의 정액과 피는 몸의 중대한 원인으로 작용합니다.

과거 생의 성향

현재 생의 성향은 전생에서 음식을 먹고, 욕망하며, 미워했던 습관의 힘 때문입니다. 이러한 행위를 하는 이유는 마음속에 과거의 습기濕氣(육음六淫의 하나, 육음이란 풍風, 한寒, 서暑, 습濕, 조燥, 화火 여섯 가지 병사病邪를 종합하여 이르는 말)가 존재하기 때문입니다. 스승 마트르체타Matrcheta가 쓴 『탄생의 화환 이야기Garland of Birth Stories』에는 다음과 같이 적혀 있습니다.

갓 태어난 사람은
마음에 기운이 없고
감각이 무디며
빨아댈 엄마의 젖과
먹을 음식을 찾느니라.
아무도 가르쳐 주지 않아도
다른 생에서도 분명
이러한 일에 익숙하나니.

자식과 부모의 관계

자식과 부모의 관계는 전생의 업보karma에 의해 설정됩니다. 결과적으로 갓난아기, 송아지 등은 배우지 않아도 태어나자마자 어미의 젖을 뺍니다.

지식의 대상

전생과 내생이 지식을 갖는다는 생각 또한 타당하지 않습니다. 지식의 대상은 관습적인 진리와 궁극적인 진리 두 가지입니다.

궁극적인 진리

궁극적인 진리는 궁극을 분석하는 이성적 의식에 의해서 명확하게 발견되는 대상입니다. 관습적 의식은 세상적인 용어나 관습의 대상과 관련된 의식입니다. 그러한 의식에 의해서 명쾌하게 발견되는 대상이 관습적 진리입니다.

관습적인 진리

관습적인 진리는 공空이 아닌 모든 현상을 말합니다. 현상은 이러한 구분에 의해서 상세히 기술됩니다.

고요한 마음에 이르는 법

지속적인 고요함을 계발하기 위해서는 반드시 다섯 가지 잘못을 버려야 합니다. 다섯 가지 잘못은 다음과 같습니다.

1. 게으름, 명상을 통해 안정을 얻으려는 열성이 결여된 상태
2. 망각, 관찰의 대상 자체가 무엇인지 마음으로 챙기지 못하는 상태
3. 관찰의 대상을 망각하지 않았다고 하더라도 부주의함이나 들뜸의 영향으로 마음이 해이해진 상태

4. 부주의함이나 들뜸의 영향에 있더라도 부주의함과 들뜸의 해결책을 적용하지 못하는 상태
5. 부주의함이나 들뜸은 없지만 아직 대상에 일념으로 집중하지 못하며 계속 부주의함이나 들뜸에 대한 해결책을 과도하게 사용하는 실수를 범하는 상태

미륵보살의 '중도와 극단의 구별'에는 다음과 같은 말이 있습니다.

충고를 망각하는 게으름
부주의와 들뜸
비적용과 적용—
이것들은 분명 다섯 가지 잘못입니다.

다섯 가지 잘못을 버리는 명상

우리는 이 다섯 가지 잘못을 버리는 명상을 해야만 합니다. 게으름에 대한 네 가지 해결책은 믿음, 열망, 노력, 유연성입니다. 망각에 대한 해결책은 마음을 챙기는 것입니다. 부주의와 들뜸에 대한 해결책은 내적 성찰입니다. 네 번째 해결책을 적용하

지 못하는 것에 대한 해결책은 적용하려는 의도입니다. 해결책을 과도하게 적용하는 다섯 번째 잘못에 대한 해결책은 마음을 자연스럽게 내버려두는 평정입니다.

명상의 효과

마음이 완전하고 쉽게 안정된 명상의 상태가 되는 구종심주九種心住(티베트 불교의 가장 핵심적인 수행방법 중 하나로 아홉 가지 마음을 머물게 하는 것)는 샤마타calm-abiding와 유사한 수행법입니다. 필요한 집중과 명상을 하면 헤아릴 수 없는 네 가지 감정인 사랑, 연민, 기쁨, 평정을 느낄 수 있습니다. 그러므로 불교신자나 불교신자가 아닌 사람 모두 명상에 몰두하면 이러한 상태를 얻을 수 있습니다.

『새로운 인식의 눈 뜨기|Opening the Eye of New Awareness』에서 발췌.

행복을 위한 명상법

명상을 하면 무엇을 알게 될까요? 불교의 관점에서 명상은 정신 수련이며, 생각과 감정을 어느 정도 통제할 수 있게 하는 방법입니다. 우리는 왜 우리가 추구하는 영원한 행복을 얻지 못할까요? 불교에서는 우리의 정상적인 마음 상태는 거칠고 제멋대로이며 마음의 수양이 부족해 그런 마음을 다스릴 수 없기 때문에 마음을 통제하기에 역부족이라고 설명합니다. 그 결과 마음이 우리를 통제합니다. 따라서 생각과 감정이 우리의 긍정적인 충동이 아닌 부정적인 충동에 의해 지배받습니다. 우리는 그러한 순환을 바꿀 필요가 있습니다.

미륵불의 『현관장엄론現觀莊嚴論』

『대품반야경大品般若經』을 해설한 문헌 미륵불의 『현관장엄론現觀莊嚴論』에서는 이타주의에 두 가지 요소가 있다고 말합니다. 첫째는 이타적인 관점을 만드는 조건으로 이는 한 사람이 모든 지각 있는 중생에게 느끼는 연민과 중생의 행복을 위한 염원입니다. 이 조건은 깨달음을 얻고자 하는 바람인 두 번째 요소로 연결됩니다. 이 바람이 우리 안에서 일어나야 하는 이유는 모든 지각 있는 중생을 이롭게 하기 위해서입니다.

과거에 대한 용서

우리가 과거에 행한 무지한 행동을 인식하고 용서할 수 있다면, 자신의 내면을 강화하고 현재의 문제를 건설적으로 해결할 수 있습니다.

깨달음을 얻고자 하는 염원

정신 수행의 최고 형태는 모든 지각 있는 중생을 이롭게 하는 깨달음을 얻기 위해 이타심, 즉 보리심菩提心을 개발하는 것입니다. 위로는 수행 결과 얻어지는 깨달음의 지혜인 보리菩提를 구하고, 아래로는 중생을 교화하려는 마음인 보리심은 복덕과

선의 최고 원천이며 가장 귀중한 마음의 상태입니다. 이 수행을 통해 즉각적이고 궁극적인 열망과 함께 이타적인 활동의 기반을 충족시킬 수 있습니다. 하지만 보리심은 정기적이고 결연한 노력을 통해서만 실현될 수 있습니다. 따라서 깨달음을 얻기 위해서는 마음을 수행하고 변화시키는 데 필요한 수행을 발전시켜 나가야 합니다.

타인의 안녕을 위한 노력

또한 이타심(보리심)은 모든 지각 있는 중생의 안녕을 발원하는 마음입니다. 불교에서의 안녕이란 중생이 고통에서 벗어나 완전한 자유를 얻도록 돕는 것이며, '모든 지각 있는 중생'이란 우주의 무한한 존재들을 의미합니다. 이러한 염원은 실로 가장 중요한 열쇠로서 다시 말하면 모든 지각 있는 중생의 안녕을 위해 깨달음을 얻으려는 의지입니다. 보리심은 모든 지각 있는 중생을 향한 평등하고 진실한 연민에 바탕을 둡니다. 여기에서 의미하는 연민은 모든 존재가 고통에서 해방되기를 바라는 소망입니다.

진정한 평화

평화는 배고픔이나 추위로 죽어가는 사람에게는 아무 의미가 없습니다. 양심수가 겪는 고문의 고통을 없애지도 못합니다. 이웃나라의 무분별한 벌목으로 발생한 홍수 때문에 사랑하는 사람을 잃은 사람에게 평화는 위안이 되지 못합니다. 평화는 인권이 존중되고, 굶주림이 없으며, 개인과 국가가 자유로울 때만 지속될 수 있습니다. 우리 자신과 주변의 진정한 평화는 오직 정신적 평화를 얻음으로써 성취될 수 있습니다.

사마타 명상

사마타 명상(고요 명상)에는 40가지 방법이 있습니다. 그중 대표적인 네 가지 방법이 보호명상으로, 부처님을 염하는 명상, 자애의 마음을 증강시키는 명상, 자신의 육체를 부정한 것으로 보는 명상, 우리 모두가 죽게 되어 있다는 현실을 직시하게 하는 명상입니다. 고요 명상은 심신이 유연해지면서 선정에 드는 고양된 의식 상태입니다. 이 상태에서는 몸과 마음이 유달리 유연해지고, 수용적이 되며, 유용해집니다. 특별한 통찰력이 생기는 이유는 의식이 고양되기 때문인데, 이때는 몸과 마음이 유연해지면서 의식이 크게 확장됩니다. 따라서 고요 명상은 통합성을 띠는 반면, 특별한 통찰력은 분석적 성격을 띱니다.

수행을 통한 통제

우리가 수행을 할 때 우선 기본적으로 자신을 통제할 수 있는 능력이 생겨, 가능한 한 다른 사람들에게 해가 되는 나쁜 행동을 하지 않게 됩니다. 이는 방어적 기능입니다. 다음 단계로 일정 수준에 도달하게 되면 적극적인 목표로서 다른 사람들을 도와야 합니다. 처음 단계에서는 때로 고립될 필요가 있습니다. 하지만 어느 정도 자신감과 힘이 생긴 후에는 사람들과 어울리며 건강, 교육, 정치 등 어느 분야에서든 봉사를 해야만 합니다. 봉사하기 위해서는 사회 속에서 함께 어울려야 합니다.

인간과 사회의 상호 의존

인간과 사회는 상호 의존합니다. 따라서 개인으로서 그리고 사회 구성원으로서 취하는 행동이 구별되어서는 안 됩니다. 과거에는 우리 사회의 불안감과 역기능적인 요소들을 줄이고 더욱더 정의롭고 평등한 사회를 건설하기 위해 보상 제도를 채택했습니다. 이러한 사회 문제를 해결하기 위해 숭고한 이념을 담은 헌장을 발표하며 단체와 조직들이 세워졌습니다. 좋은 의도와 목적으로 시작한 그들은 칭송을 받았습니다. 하지만 불행히도 선의에서 시작한 그들의 사상은 사람이 지닌 고유한 이기심에 굴복하고 말았습니다.

누구나 공유하는 인간성

민족이나 신념, 이념, 정치 연합(동구와 서구), 경제 지역(북부과 남부)에 상관없이 모든 사람에게 가장 중요하고 기본적인 요소는 누구나 공유하는 인간성입니다. 늙었거나 젊었거나, 부자이거나 빈자이거나, 배웠거나 배우지 못했거나, 남자이거나 여자이거나 우리는 모두 사람입니다. 이렇듯 우리가 인간성을 공유함으로써 행복을 구하고 고통을 피하고 싶은 열망을 공유할 뿐만 아니라 이를 성취할 기본 권리 또한 지녔다는 사실을 인식하는 것이 가장 중요합니다.

인간으로서 해야 할 일

사람이 해야 할 일은 다른 사람들을 돕는 것입니다. 이는 확고한 저의 가르침이며, 저의 메시지이자 저의 믿음입니다. 제가 기본적으로 추구하는 문제는 사람들이 서로 좋은 관계, 더 좋은 관계를 맺는 것입니다. 그리고 그것을 위해 무엇이든 제가 기여하는 것입니다.

정치인의 종교성

정치인은 은둔자보다 한층 더 종교가 필요합니다. 은둔자가 잘못된 동기에서 해로운 행동을 한다 해도 자신 외에는 피해를 주지 않습니다. 하지만 사회 전체에 직접적인 영향력을 행사하는 사람이 나쁜 동기에서 행동한다면, 수많은 사람들에게 해악을 끼칠 것입니다.

분노와 증오

지속적인 불만, 불만족, 혹은 무엇이 잘못되고 있다는 느낌 등은 분노와 증오를 발생시키는 연료입니다. 자신이나 우리가 사랑하는 사람, 혹은 친한 친구가 부당한 대우를 받거나 위협을 당할 때, 그리고 사람들이 불의를 행할 때 우리 안에서 이러한 불만이 일어납니다. 또한 다른 사람들이 무언가를 이루는 과정에서 우리를 방해하면, 우리는 짓밟히고 있다는 느낌을 받고 화가 나게 됩니다. 이때 취할 수 있는 방식은 결국 분노나 증오와 같은 정서 상태를 촉발하는 인과관계, 즉 연결고리를 인식하며 근원에 접근하는 것입니다.

행복해지기 위한 수행

자선의 중요한 한 형태는 음식, 옷, 피난처 등과 같은 물질적인 것을 주는 것입니다만, 여기에는 한계가 있습니다. 물질로는 완전한 만족을 줄 수 없기 때문입니다. 마음을 정화시킬수록 점점 더 행복해진다는 것을 경험을 통해 확인할 수 있는데, 이는 다른 이들도 마찬가지입니다. 따라서 행복을 이루기 위해서는 수행을 해야 한다는 것을 이해하는 일이 대단히 중요합니다. 사람들이 이러한 방법들을 쉽게 배우도록 하기 위해서 우리는 가르치는 능력을 충분히 키울 필요가 있습니다.

황금만능주의의 위험

요즘 세상이 갈수록 물질을 숭배하고, 권력과 소유에 대한 끝없는 욕망에 사로잡힌 사람들이 외적 발전의 정점을 향해 치닫고 있습니다. 하지만 모든 것이 상대적인 세계에서 이렇게 공허한 노력을 하다 보니 사람들은 내면의 평화와 마음의 행복에서 점점 멀어져 방황하게 됩니다. 끊임없는 불안 속에서 엄청난 무기를 사용하는 무시무시한 시대를 사는 우리가 산 증인입니다. 영적인 삶만이 행복과 평화를 수립할 수 있는 굳건한 기반이라고 공언하는 일이 점점 더 필요합니다.

수행의 효과

수행은 최고의 방법이며, 연로하거나 젊거나 중년이거나 모두를 행복으로 인도합니다. 수행은 '탁월한' 향수와 같아서 바람을 타고 향기가 흘러가는 일반 향수와 달리 신선한 향기를 사방으로 내뿜습니다. 수행은 비할 데 없는 연고와 같아서 착각의 쓰라린 고통에서 벗어나게 해줍니다.

의약품의 역할

용한 의사는 환자 개개인의 특성을 감안해 치료에 적절한 의약품을 처방합니다. 게다가 치료 방식과 재료는 치료하는 시기와 환자가 처한 환경에 따라 달라집니다. 그렇게 광범위하고 다양한 의약품과 치료 방식이 존재하지만, 아픈 환자를 낫게 한다는 목표는 동일합니다. 마찬가지로 모든 종교적인 가르침과 방식은 살아 있는 존재를 고통과 고통의 원인에서 해방시키고, 행복과 행복의 원인을 제공한다는 동일한 목표를 가지고 있습니다.

영적인 치유의 힘

영적인 치유의 힘이 자연스럽게 영적인 길을 따르기 때문에 우리는 일상적인 힘을 추구하지 않습니다. 영적인 힘은 형상이 새겨진 금에도, 법복으로 지어진 실크에도, 법원의 영장에도 없지만 말로 표현될 수 없는 우리 마음의 본질 속에 있습니다. 우리는 자유롭게 위대한 스승들이 정한 가르침을 따릅니다. 마음에서 말하는 본능을 승화시키고 생각을 정화하기 위해서입니다. 사람은 교파에 상관없이 매일 수행을 함으로써 모든 종교의 목표를 달성합니다.

복제 기술의 의미

쉽고 정확하게 재생산을 가능하게 하는 복제 기술은 우리가 진화의 가능성을 끝낸다는 의미를 내포합니다. 완벽함을 선언하고 진화를 끝내는 것입니다. 한편으로 우리가 불멸을 얻는다면 다시 말해서 죽음을 억제한다면, 그만큼 출생을 억제해야 할 것입니다. 지구가 너무 빨리 포화될 테니까요.

포기선언

세상을 포기한다는 것은 세상에 대한 집착을 포기한다는 것을 의미합니다. 이는 세상과 단절한다는 뜻이 아닙니다. 불법佛法의 목적은 다른 사람들을 위해 봉사하는 것입니다. 다른 사람들을 도우려면 사회에 몸담아야만 합니다. 세상으로부터 고립되어서는 안 됩니다.

자신의 결점 인식

자신의 한 가지 결점을 인식하는 건 다른 사람의 천 가지 결점을 인식하는 것보다 더 유용합니다. 다른 사람들을 나쁘게 이야기함으로써 그들의 삶에 마찰과 불안을 야기하기보다는 그들을 더욱더 순수하게 바라보아야만 합니다. 다른 사람들에 관해 이야기할 때는 그들의 장점을 말하세요. 누군가를 비방하는 자신을 발견할 때는 먼저 자신의 입에 배설물이 가득 찼다고 상상하세요. 그러면 그러한 습관을 쉽게 없앨 수 있을 것입니다.

친절과 연민

종교가 있건 없건, 환생을 믿건 믿지 않건, 친절과 연민에 감사를 느끼지 않는 사람은 없습니다. 기도만 할 것이 아니라 일상생활에서도 남을 도울 필요가 있습니다. 남을 돕지 못할 상황이라면, 적어도 남에게 해가 되는 행동은 하지 말아야 합니다.

종교의 목적

종교의 목적은 자신을 통제하는 것입니다. 다른 사람을 비판하는 것이 아닙니다. 오히려 우리 자신을 비판해야 합니다. 내가 얼마나 화를 많이 내는가? 얼마나 집착하고, 얼마나 증오하며, 얼마나 오만하고, 얼마나 질투하는가? 이것이 우리가 매일 점검해야 할 사항입니다.

용서의 효과

무지에서 비롯된 자신의 행동을 인식하고 용서할 수 있다면, 자신을 강화하고 현재의 문제를 건설적으로 해결할 수 있습니다.

런던의 하퍼 콜린스 출판사의 허가를 얻어 재발간된 『변화에 관한 달라이 라마의 책』(2000)에서 발췌. 이 내용은 인도 뉴델리의 펭귄 북스의 허가를 받아 『변화에 관한 달라이 라마의 매일의 명상 책』에서 발췌.

마음 수련

마음 수련을 위한 여덟 편의 시 가운데 일곱 번째까지는 연민, 이타주의, 깨달음에 관한 염원 등의 마음을 일으키는 수행법에 대해 말합니다. 여덟 번째 시는 지혜의 측면을 개발하는 수행을 다룹니다.

마음 수련: 첫 번째 시

모든 지각 있는 중생을 이롭게 하기 위한
높은 목표를 세우고
소원을 이루어주는 보석보다도 아껴
이 결심을 내가 늘 소중히 여기기를 바랍니다.

이 네 줄의 시는 모든 지각 있는 중생을 아끼고 소중히 여긴다는 의미입니다. 이 시가 강조하는 핵심은 모든 지각 있는 중생을 귀중한 보석을 다루듯 귀하게 여길 수 있는 태도를 키우자는 것입니다. 그러면 다음과 같은 질문이 나올 수 있습니다. "모든 지각 있는 중생이 귀하고 소중하다는 생각을 가져야 하는 이유가 무엇입니까?" 어찌 보면 모든 지각 있는 중생은 진정으로 우리가 경험하는 기쁨, 행복, 번영의 기본 원천이라고 말할 수 있습니다. 매일 대하는 사람들만 그런 것이 아닙니다. 우리가 열렬히 얻고 싶어 하는 모든 좋은 경험은 다른 지각 있는 중생의 협력과 그들과의 교류에 달려 있습니다. 이는 분명한 사실입니다. 마찬가지로 도를 닦는 수행자들의 관점에서도 높은 수준의 깨달음과 영적 발전은 모든 지각 있는 중생의 협력과 그들과의 교류에 좌우됩니다. 더구나 깨달음의 상태에서는 다른 사람들이 깨달은 행위의 수혜자이므로 어떠한 노력

없이 지각 있는 중생과 관계를 맺는 것만으로도 붓다의 진정한 자비행慈悲行이 이뤄질 수 있습니다.

『보살행 안내 Guide to the Bodhisattva's Way of Life』에 따르면 다른 사람들의 고통을 느낄 때의 고통과 자신이 직접 느끼는 고통은 다르다고 합니다. 다른 사람들의 고통을 느낄 때는 다른 사람들과 고통을 공유하므로 일종의 불편감이 있습니다. 하지만 샨티데바 Shantideva가 지적했듯이 이때는 고통을 자발적으로 수용하기 때문에 얼마간의 안정성 또한 존재합니다. 다른 사람들의 고통에 자발적으로 참여하는 가운데 힘과 자신감이 생겨납니다. 하지만 자신의 고통을 느끼는 경우에는 무력감과 함께 상황에 전적으로 압도됩니다.

이타주의와 연민에 관한 붓다의 가르침 가운데 "자신의 행복을 도모하지 말고 다른 사람들의 행복을 소중히 여겨야 합니다"라는 말씀이 있습니다. 다른 사람들의 고통과 불행을 자발적으로 나누는 수행에 관해 말씀하신 이 가르침을 이해하는 것이 중요합니다. 핵심을 말하자면 자신을 사랑할 수 없는 사람은 다른 사람들을 보살필 수 있는 마음을 가질 수가 없습니다. 여기서 자신을 사랑한다는 건 자신에게 빚을 졌다는 뜻이 아닙니다. 오히려 자신을 사랑하고 자신에게 친절할 수 있는 능력은 인간 존재의 기초적인 사실에 근거해야 합니다. 인간은 누구나 자연스럽게 행복을 바라고 고통을 싫어하는 성향을 지니고 있습니다. 일단 이러한 기본적인 사실을 자신에게 적용한다면 다른 지각 있는 중생들에게도 확장할 수 있습니다. 따라서 "자신의 행복을 도모하지 말고 다른 사람들의 행복을 소중히 여겨야 합니다"라는 붓다의 가르침을 연민의 이상에 따라 자신을 닦으라는 뜻으로 이해해야 합니다. 이 가르침은 모든 지각 있는 중생에 미치는 자기 행동의 영향을 무시하는 자기중심적 사고방식에 빠지지 않기 위해 매우 중요합니다. 앞서 언급했듯이 우리가 경험하는 기쁨, 행복, 성공에 모든 지각 있는 중생이 동참한다는 걸 인식하여 그들을 귀하게 여기는 태도를 키울 수 있습니다. 이것이 첫째로 고려해야 할 사항입니다. 두 번째로 고려할 사항은 다음과 같습니다. 분석과 묵상을 통해 알 수 있는 것은 많은 고통과 아픔이 실제로는 다른 사람들을 희생해서 얻은 자신의 행복을 소중히 여기는 자기중심적 태도의 결과인 반면, 우리 인생의 많은 기쁨, 행복, 안정감은 모든 지각 있는 중생의 안녕을 소중히 여기는 생각과 감정에서 비롯된다는 점입니다. 이러한 두 가지 형태의 생각과 감정을 비교하면 다른 사람들의 행복을 소중히 여길 필요성을 절감하게 됩니다.

다른 사람들의 행복을 소중히 여기는 생각과 감정을 키우는 일과 관련한 또 하나의 사실은 자신의 이익과 소망이 실제로는 다른 지각 있는 중생들을 위하는 과정에서 나타나는 부산물로서 충족된다는 점입니다. 제 총 카파Je Tsong Khapa가 '깨달음의 길에 대한 대강해Great Exposition of the Path to Enlightenment' (Lamrim Chenmo)에서 지적했듯이, "수행자가 다른 사람들의 행복을 충족시키는 생각과 활동에 주력할수록 자신의 열망이 충족되거나 실현되는 일이 별다른 노력 없이 부산물로서 나타납니다." 제가 매우 자주 하는 말이라서 여러분 중에 들으신 분들이 있을 텐데요. 어떤 면에서는 연민의 마음으로 불도를 닦는 수행자들, 즉 보살들은 현명하게 이기적인 사람들인 반면, 우리와 같은 사람들은 어리석게 이기적인 사람들입니다. 우리는 자신에 대해서만 생각하고 다른 사람들을 생각하지 않습니다. 그 결과 우리는 늘 불행하고 고통스럽습니다. 좀 더 현명해질 때가 되었습니다. 그렇지 않나요? 이것이 저의 믿음입니다. 어느 시점에 이런 질문을 하게 됩니다. "정말로 우리의 태도를 바꿀 수 있을까?"

저의 작은 경험에 근거한다면 저의 답은 주저 없이 "예!"입니다. 이 답은 제게 분명합니다. 우리가 '마음'이라고 부르는 것은 무척 특이합니다. 때로 마음은 매우 완고해서 바꾸기가 정말 힘듭니다. 하지만 이유를 가지고 꾸준히 노력하고 확고하게 믿는다면 우리의 마음은 매우 정직해질 것입니다. 우리가 진정으로 변화의 필요성을 느낀다면 마음이 변할 수 있습니다. 기원과 기도만으로는 마음을 바꿀 수 없습니다. 결국 자신의 경험에 근거한 믿음과 이유를 갖는다면 마음을 바꿀 수 있습니다. 이때 시간이 매우 중요한 요소입니다. 시간이 지나면서 우리의 정신적 태도가 확실히 변할 수 있습니다. 일부 사람들, 특히 자신을 매우 현실적이고 실용적이라고 생각하는 사람들은 너무나 현실적인 나머지 오직 실용성만을 생각합니다. 그들은 "중생의 행복을 빌고, 모든 중생의 행복을 소중히 여기려는 생각을 키우는 것은 비현실적이고 너무 이상적이다. 그런 일이 사람들에게는 전혀 불가능하므로 어떠한 방법으로도 마음을 변화시키거나 정신을 수련할 수 없다"라고 생각할 수 있습니다. 또 어떤 사람들은 이러한 조건 아래서 직접 교류하는 지인들과 함께 시작하는 것이 더욱더 효과적인 접근법이 되지 않을까 생각합니다. 그들은 이러한 방법으로 한계를 극복할 수 있다고 생각합니다. 그들은 지각 있는 중생은 셀 수 없이 많기 때문에 모든 지각 있는 중생을 생각한다는 건 의미가 없다고 생각합니다. 그들은 어쩌면 이 행성에 사는 무한한 지각 있는 중생과는 연결된다고 느끼지만, 무수한 세계와 우주의 무수한 지각 있는 중생은 자신의 개인적인 경험과는 무관하다고 생각할지도 모릅니다. 그들은 "왜 모든 생물을 이 지구권 안에 포함시켜야 하죠?" 하고 생각할지도 모릅니다. 일면 타당한 이의 제기이기도 하지만 여기에서 중요한 점은 그러한 이타적인 마음을 키우는 효과를 이해하는 것입니다.

핵심은 고통을 느끼고 행복을 경험할 능력을 지닌 모든 형태의 생명에 공감할 수 있는 시야를 키우는 것입니다. 이는 살아 있는 유기체를 하나의 지각 있는 중생으로 규정하는 문제입니다. 이러한 감정은 매우 강력해서 모든 생물 하나하나에 대해 특정한 용어로 칭할 필요가 없습니다. 예를 들어 보편적인 찰나성(비영구성)을 생각해봅시다. 우리가 만물과 모든 사건이 찰나적이라는 생각을 키울 때 그 찰나성을 인식하기 위해 우주에 존재하는 모든 생물 하나하나를 생각할 필요가 없습니다. 마음은 그렇게 작용하지 않습니다. 따라서 이 점을 이해하는 일이 중요합니다.

이 시의 첫 번째 구절에서 '내가'라는 매개체가 분명히 명시됩니다. "내가 늘 다른 생명을 소중히 여기도록 기원합니다." 이 단계에서 불교에서는 이 '나'를 어떻게 이해하는지 생각해보는 것이 도움이 될지 모르겠습니다. 일반적으로 말해서 여러분, 나, 다른 사람들과 같은 사람들이 존재한다는 사실에 대해서는 이의를 제기할 사람이 없습니다. 우리는 고통을 경험하는 누군가가 존재한다는 사실을 의심하지 않습니다. 우리는 "나는 무엇무엇을 본다"라든지 "나는 무엇무엇을 듣는다"라고 말하며, 끊임없이 일인칭 대명사를 사용합니다. 우리 모두 매일매일 경험하는 일반적인 단계의 '자아'가 존재한다는 데 대해서 이의를 제기할 수 없습니다. 하지만 우리가 '자아'

혹은 '나'라는 것이 누구인지 이해하려고 할 때 질문이 생깁니다. 이 질문에 답하기 위해서 우리의 분석 범위가 매일의 일상을 조금 넘어서기도 합니다. 예를 들어 어린 시절을 회상하기도 합니다. 어린 시절의 어느 시점을 회상할 때 우리는 그 나이에 가졌던 몸과 마음의 상태 그리고 '자아'를 거의 그대로 느낍니다. 우리가 어릴 때 '자아'가 있었습니다. 나이가 들어도 '자아'가 있습니다. 두 시기를 관통하는 '자아'도 있습니다. 누군가는 자신의 노년의 경험 등을 생각해볼 수 있습니다. 우리는 몸의 상태와 '나'라는 의식인 '자아'를 거의 그대로 느낄 수 있습니다. 많은 철학자들, 특히 종교 철학자들은 시간과 상관없이 계속 유지되는 이런 '자아' 혹은 '나'라는 개인적 특성을 이해하려고 노력했습니다. 특히 인도는 전통적으로 이를 중요시했습니다. 불교를 따르지 않는 인도의 학교에서는 아트만이라는 말을 합니다. 대략 '자아' 혹은 '영혼'이라고 번역됩니다. 그 밖의 비인도 종교 전통에서는 존재의 '영혼' 같은 것들에 관해 논의합니다. 인도적인 맥락에서는 아트만이 개인의 경험적 사실과 구별되는 매개체로서 뚜렷한 의미를 지닙니다. 예를 들면 힌두교 전통에서는 환생에 대한 믿음이 있습니다. 환생에 대해서는 많은 논란이 있습니다. 나 역시 의식이나 영혼이 금방 죽은 시신의 몸에 있다고 가정하는 일종의 심령 의식에 대한 문헌을 본 적이 있습니다. 우리가 환생을 인정한다면, 다른 몸에 영혼이 깃든다는 것을 인정한다면, 개인의 경험적 사실과 구별되는 일종의 독립적인 매개체가 있다고 인정하는 셈입니다. 대체적으로 불교를 따르지 않는 인도의 학파에서는 '자아'가 이러한 독립적인 매개체, 즉 아트만이라는 결론에 거의 이르렀습니다. 자아는 몸, 마음과는 구별됩니다. 대체적으로 불교 전통은 심신과 구별되는 자아, 아트만, 혹은 영혼이라는 개념을 받아들이기를 거부합니다. 불교 학파에서는 '자아', 혹은 '나'를 몸과 마음의 집합체로 이해해야 한다는 합의가 존재합니다. 하지만 우리가 '나', 혹은 '자아'라고 말할 때 정확히 무엇을 의미하는지에 대해서는 불교 철학자들 사이에서도 의견이 분분합니다. 많은 불교 학교들에서는 최종적으로 '자아'를 사람의 의식이라고 생각해야 한다는 입장을 유지합니다. 분석을 통해 우리는 몸이 임시적인 실재라는 것과 시간 속에서 계속되는 것이 실제로 사람의 의식이라는 것을 밝힐 수 있습니다.

물론 '자아'를 의식으로 인정하는 것을 거부하는 불교 철학자들도 있습니다. 부다팔리타Buddhapalita와 찬드라키르티Chandrakirti와 같은 불교 철학자들은 영원하거나 지속되는 '자아' 같은 것을 찾고 싶은 욕구를 거부했습니다. 그들은 그런 종류의 추론을 하는 것은 일면 무언가에 집착하려는 뿌리 깊은 욕구에 굴복하는 것이라고 주장했습니다. 지금까지 살펴보았듯이 '자아'의 본질을 분석하면 아무런 결론을 얻을 수 없습니다. 이와 관련한 탐구가 형이상학적이기 때문입니다. 부다팔리타와 찬드라키르티가 주장했듯이 이는 우리가 매일 사용하는 언어와 경험에 대한 이해의 범주를 넘어서는 형이상학적인 자아에 대한 탐구입니다. 따라서 '자아', 즉 사람, 매개체는 순전히 '자아'의 느낌을 경험함으로써만 이해되어야 합니다. '자아'와 사람을 이해하는 일반적인 수준을 넘어서서는 안 됩니다. 우리는 몸과 마음의 존재로서 자신의 존재를 이해해야만 합니다. 그래서 '자아'와 사람은 몸과 마음에 의존하는 명칭으로서 이해되어야 합니다. 찬드라키르티는 『중도 안내*Guide to the Middle Way*(Madhyamakavatara)』에서 마차의 예를 들었습니다. 마차의 개념을 분석해 보면 마차를 형성하는 부분들과 관계없는 형이상학적이고 추상적인 진정한 의미의 마차를 발견하지 못할 것입니다. 하지만 그렇다고 마차가 실재하지 않는다는 의미는 아닙니다. 마찬가지로 '자아', '자아'의 본질을 분석하면 개인의 존재를 형성하는 몸과 마음과 관계없는 '자아'를 찾을 수 없습니다. '자아'를 의존적으로 발생하는 존재로 이해하는 건 모든 지각 있는 중생을 이해하는 것으로도 확대되어야 합니다. 다시 말하면 모든 지각 있는 중생은 몸과 마음의 실재에 의존하는 명칭입니다. 몸과 정신의 실재는 존재의 정신적, 신체적 구성 성분의 결합을 기초로 합니다.

마음 수련: 두 번째 시

누군가를 대할 때
나를 가장 낮은 사람으로 낮추기를
그리고 내 마음 가장 깊은 곳에서
다른 사람들을 정중히 공경하기를 기원합니다.

첫 번째 시에서는 모든 지각 있는 중생을 귀하게 생각하는 마음을 키울 필요가 있다고 강조했습니다. 두 번째 시에서는 모든 지각 있는 중생이 귀중하다는 인식과 그 인식을 바탕으로 한 배려심이 지각 있는 중생들에 대한 동정심에서 비롯되어서는 안 된다고 지적합니다. 즉 그들이 열등하다고 생각하지 말라는 것입니다. 오히려 다른 사람들에 대한 배려와 함께 그들을 우월한 존재로 여겨 숭배와 공경을 하며 귀하게 대할 것을 강조합니다. 저는 여기서 불교적인 맥락에서 연민을 이해하는 방식을 강조하고 싶습니다. 일반적으로 불교 전통에서 연민과 애정 어린 친절은 동전의 양면입니다. 연민은 연민의 대상인 지각 있는 중생이 고통에서 벗어나기를 열망하는 측은지심입니다. 애정 어린 친절은 다른 사람들의 행복을 바라는 염원입니다. 이러한 맥락에서 사랑과 연민을 일반적인 의미의 사랑과 연민과 혼동해서는 안 됩니다. 예를 들어 우리는 소중한 사람들에게 친밀감, 연민, 공감을 느낍니다. 우리는 또한 이들에게 강한 애정을 느끼지만, 이러한 사랑이나 연민은 '누구누구는 내 친구, 내 배우자, 내 아이' 등과 같은 자기와 관련한 배려입니다. 이러한 종류의 사랑이나 연민은 강렬하며 자기와 관련된 배려이므로 집착의 성질을 띱니다. 집착이 있는 곳에는 분노와 증오도 생길 가능성이 있습니다. 집착에는 분노와 증오가 따라다닙니다. 예를 들어 누군가에 대한 연민이 집착의 성질을 띤다면 아주 작은 일로 인해 그 반대의 감정으로 변할 수 있습니다. 그때는 상대방이 행복하기를 바라는 대신 비참해지기를 바랄지도 모릅니다. 마음 수련의 맥락에서 진정한 연민과 사랑은 다른 사람들도 나와 같이 행복을 바라고 고통을 극복하기 바라며, 이러한 기본적인 바람을 충족시킬 타고난 권리가 있다는 인식에 근거합니다. 이러한 기본적인 사실에 근거해서 한 사람에 대해 키우는 공감이 보편적 연민입니다. 여기에는 편견의 요소도 없고 차별의 요소도 없습니다. 이러한 연민은 모든 지각 있는 중생에게 확대될 수 있습니다. 그들이 고통과 행복을 느낄 수 있는 한 말입니다. 따라서 진정한 연민의 근본 특징은 보편적이며 차별이 없다는 것입니다. 이와 같이 불교 전통에서 연민의 마음을 키우는 마음 수련은 모든 지각 있는 중생을 평등하게 생각하는 마음을 키우는 일입니다. 예를 들어 어떠어떠한 사람이 현생에서 여러분의 친구, 친척 등이지만, 불교의 관점에서는 이 사람이 전생에 철천지원수일 수도 있습니다. 동시에 적으로 생각하는 사람에게도 같은 추론을 적용할 수 있습니다. 이 사람이 현생에서 여러분에게 나쁘게 대할지라도 전생에서는 가장 친한 친구였거나 친지였을 수도 있습니다. 다른 사람과의 관계가 가변적이며 모든 지각 있는 중생이 친구와 적 모두 될 수 있다는 생각으로 평등심을 키워야 합니다.

평등심을 수행하기 위해서는 집착을 버려야만 하는데, 집착의 의미를 아는 것이 중요합니다. 때때로 집착을 버리라는 불교의 수행법을 듣고 불교가 모든 것에 대한 무관심을 조장한다고 생각하는 사람들이 있습니다. 하지만 실은 그렇지 않습니다. 우선 집착을 버리는 수행을 하면 소원함이나 친밀함에 기초한 다른 사람들에 대한 차별적인 감정을 줄일 수 있습니다. 이로써 모든 지각 있는 중생을 향한 순수한 연민을 키울 수 있는 토대를 마련할 수 있습니다. 무집착에 대한 불교의 가르침은 세상과 생명에 참여하지 않거나 무관심한 태도를 키우라는 의미가 아닙니다.

시구 중에 '나를 가장 낮은 사람으로 낮추기를'이라는 표현을 적절하게 이해하는 것이 중요하다고 생각합니다. 이 시구는 분명히 낮은 자존감을 가지거나 모든 희망을 잃고 '내가 제일 못났어. 나는 능력이 없어. 나는 아무것도 할 수 없고, 아무 힘도 없어'라고 낙담하라는 뜻이 아닙니다. 여기서 말하는 낮춤은 그러한 의미가 아닙니다. 다른 사람들보다 자신을 낮춘다는 건 참으로 상대적 관점에서 이해되어야 합니다. 일반적으로 말해서 인간은 동물보다 우월합니다. 우리는 옳고 그름을 판단하고 미래를 내다보는 능력이 있습니다. 하지만 다른 면에서 인간은 동물보다 열등하다고 주장하는 사람들도 있을 수 있습니다. 예를 들어 동물은 도덕적으로 옳고 그름을 분별하는 능력과 자신의 행동이 미래에 미칠 결과를 추론하는 능력이 없지만, 동물의 영역에서는 적어도 어떤 질서의 감각이 있습니다. 예를 들어 아프리카의 사바나(대초원)에서는 포식자가 배가 고파서 그럴 필요가 있을 때만 다른 동물을 잡아먹습니다. 배가 고프지 않으면 동물들은 꽤 평화롭게 공존합니다. 하지만 인간은 옳고 그름을 구별할 수 있는 능력이 있음에도 불구하고 때때로 순전히 탐욕에 의해 행동합니다. 때로는 순전히 쾌락을 위해 행동합니다. 사냥이나 낚시를 가서 '재미'로 살상을 합니다. 따라서 어떤 면에서는 인간이 동물보다 열등하다고 말할 수 있습니다. 자신이 다른 이들보다 더 낮다는 생각은 상대적인 관점에서입니다. '더 낮은'이라는 단어를 쓰는 이유 가운데 하나는 우리가 보통 분노, 증오, 강한 집착, 탐욕 등과 같은 일반적인 감정에 빠지면 자제하지 못한다는 사실을 강조하기 위해서입니다. 종종 우리는 우리의 행동이 다른 지각 있는 중생들에게 미치는 영향을 전혀 의식하지 못합니다. 하지만 의도적인 수행을 통해 다른 사람들을 섬기고 공경한다면 자제심이 생길 것입니다. 그러면 감정이 올라왔을 때 그 감정이 강력하지 않을 것입니다. 자신의 행동이 다른 지각 있는 중생들에게 미치는 영향을 생각할 테니까요. 이러한 이유를 근거로 다른 사람들을 자신보다 우월하다고 보는 것입니다.

마음 수련: 세 번째 시

> 내가 하는 모든 행동을 마음 안에서 잘 살피기를
> 그리고 마음과 감정의 고통이 일어나면
> 나 자신과 다른 이들을 해치므로
> 굳게 맞서 피하기를 기원합니다.

이 시는 불법 수행의 근본 핵심의 정수입니다. 불교의 맥락에서 진리를 말할 때 우리는 고통에서 해방되는 열반을 언급합니다. 고통을 벗어나는 열반, 혹은 해탈은 진정한 법(진리)입니다. 해탈에는 여러 단계가 있습니다. 예를 들어 살상하고 싶은 욕망을 제어하는 것도 법의 한 형태가 될 수 있습니다. 하지만 살상을 하지 않는 것은 종교를 갖지 않은 사람도 (일반)법률에 적용되므로 특별히 불법이라고 말할 수는 없습니다. 불교 전통에서 불법의 핵심은 고통의 원인이 되는 오염(무명)에서 해방되는 상태입니다. 이 시는 이러한 무명이나 고통스런 감정, 생각을 없애는 방법을 설명합니다. 불교 수행자에게 진정한 적은 이렇듯 내면의 적이라고 할 수 있습니다. 즉 마음과 감정의 때입니다. 불교 수행자의 진정한 임무는 이러한 내면의 적을 무찌르는 것입니다. 이러한 마음과 감정의 때를 없애는 것이 불법 수행의 핵심이며 어떤 면에서는 기초이므로 세 번째 시는 처음부터 마음을 챙기는 방법을 배우는 것이 매우 중요하다고 말합니다. 만일 부정적인 감정과 생각을 제어하거나 챙기지 않고 마음 안에 일어나도록 두면 마음이 제멋대로 나대도록 내버려 두는 셈입니다. 그러면 마음은 감당할 수 없는 지경에까지 이를 수 있습니다. 하지만 부정적인 감정을 다스리는 방법을 배운다면, 그러한 감정이 생겼을 때 곧바로 제어할 수 있게 됩니다. 여러분은 부정적인 감정이 온통 활개를 칠 기회나 여지를 주지 않을 것입니다. 내 생각에 세 번째 시는 감정이 일어나고 경험되는 단계에서의 해결책을 제시합니다. 일반적인 감정의 근원을 파헤치는 대신, 부정적인 감정과 생각에 적절한 해결책을 사용할 것을 제안하고 있습니다. 예를 들어 분노에 대응하기 위해서는 사랑과 연민의 마음을 키워야만 합니다. 대상에 대한 강렬한 집착에 대응하기 위해서는 그 대상의 불순함과 좋지 않은 특성 등을 생각하는 법을 배워야 합니다. 자신의 오만함이나 자만심에 대응하기 위해서는 자신의 결점을 생각해 겸허함을 일으킬 필요가 있습니다. 예를 들어 무엇이 되었든 세상에서 여러분이 전혀 알지 못하는 것을 생각할 수 있습니다. 여기 제 앞에 수화 통역사가 있다고 상상해보세요. 그 사람이 통역하는 복잡한 몸동작을 보고 저는 무슨 이야기를 하는지 전혀 알 수가 없을 것입니다. 그때 저는 매우 겸손해질 것입니다. 경험상 저는 자만심이 조금이라도 생길라치면 곧바로 컴퓨터를 생각합니다. 그러면 정말로 자만심이 사라진답니다!

마음 수련: 네 번째 시

매우 부정적인 성향과 고통에 짓눌려
밝지 못한 성격을 지닌 사람을 보면
찾기 어려운 보배를 만난 듯이
그들을 소중히 여기기를 기원합니다!

이 시는 특별히 사회적으로 소외된 사람들에 대한 내용입

---

* 마음 수련을 위한 여덟 편의 시 가운데 초반 세 편의 시에 대한 설명은 1988년 11월 8일 미국의 수도 워싱턴에서 달라이 라마가 말한 내용.

니다. 어쩌면 그들은 행동, 외모, 빈곤, 질병 때문에 소외된 사람일지 모릅니다. 보리심을 실천하는 사람이라면 누구나 이런 사람들을 만났을 때 진정한 보배를 만난 듯이 특별히 소중히 대해야 합니다. 이타심을 진정으로 이해하는 수행자는 혐오감을 느끼는 대신, 뛰어들어 관계를 맺어야만 합니다. 실제로 이런 사람들과 교류하면 영적 수행에 커다란 자극을 받습니다.

이러한 맥락에서 인도주의를 실천하고 사회의 소외된 사람들을 돌보는 직업에 몸담은 기독교 형제, 자매들이 훌륭한 본보기라는 걸 지적하고 싶습니다. 이 시대에 대표적인 예는 고인이 되신 테레사 수녀입니다. 가난한 사람들을 위해 일생을 바친 분이지요. 테레사 수녀는 이 시의 의미를 가장 잘 설명하는 예입니다.

제가 세계 각지 불교 센터의 회원들을 만나면 불교 센터에서 교육과 명상 프로그램만 운영하는 것으로는 충분치 않다는 말을 자주 하는데, 바로 이 내용이 중요하기 때문입니다. 물론 매우 인상적인 불교 센터도 있고, 교육을 아주 잘 받은 서구의 승려들이 전통적인 티베트 방식으로 클라리넷을 연주하는 수행 센터도 있습니다! 하지만 저는 센터의 프로그램에 사회 복지 차원의 활동 또한 포함시켜서 불교의 가르침을 통해 사회에 기여할 수 있어야 한다고 강조합니다.

일부 불교 센터가 불교 원리를 사회적으로 적용하기 시작했다는 반가운 소식을 들었습니다. 예를 들어 호주에는 호스피스(말기 환자용 병원)를 지어 죽어가는 사람들을 돕고, 에이즈 환자들을 돌보는 불교 센터가 있다고 합니다. 또한 강연과 상담을 통해 수감자들에게 일종의 영성 교육을 하는 불교 센터 이야기도 들었습니다. 이러한 사례들이 좋은 본보기라고 생각합니다. 물론 그러한 사람들, 특히 수감자들이 사회로부터 거부당한다고 느낀다면 너무도 불행한 일입니다. 그들에게 커다란 고통일 뿐만 아니라 더 넓은 관점에서는 사회의 손실이기도 합니다. 그들이 실제로 잠재력을 지녔음에도 불구하고 우리는 사회에 건설적으로 기여할 수 있는 기회를 그들에게 주지 않고 있습니다. 따라서 저는 사회 전체가 그런 사람들을 거부하지 않을 뿐만 아니라 그들을 끌어안고 사회에 기여할 수 있다는 생각을 일깨워주는 일이 중요하다고 생각합니다. 그래야 그들이 사회에서 존재감을 느끼고 어딘가에 기여할 수 있다고 생각하게 될 것입니다.

마음 수련: 다섯 번째와 여섯 번째 시

사람들이 나를 질시해
학대하고, 비방하고, 비웃을 때

> 내가 이기지 않고
> 그들에게 승리를 안겨주기를 기원합니다.

이 시의 핵심은 다른 사람들이 아무런 이유 없이, 혹은 부당하게 여러분을 화나게 만들 때 부정적 방식으로 반응하지 말고 이타심을 행하는 진정한 수행자로서 관용을 가지고 그들을 대할 수 있어야 한다는 것입니다. 그러한 대우에 평정심을 잃지 말아야 합니다. 다음 시에서 우리는 그런 사람들을 관대하게 대할 뿐만 아니라 실제로 그들을 영적 스승으로 보아야 한다는 것을 배울 수 있습니다.

> 내가 도와주었거나
> 기대를 많이 했던 누군가가
> 나의 마음을 심하게 아프게 해도
> 그를 귀중한 스승으로 여기기를 기원합니다.

샨티데바의 『보살행 안내』에서는 이런 태도를 키우는 방법과 우리에게 해를 가하는 사람들을 영적 공부의 대상으로 생각하는 방식을 폭넓게 다룹니다. 찬드라키르티의 『중도 입문 *Chandrakirti's Entry to the Middle Way*』의 세 번째 장에서도 인내심과 관용을 키우는 감동적이고 효과적인 가르침을 볼 수 있습니다.

마음 수련: 일곱 번째 시

일곱 번째 시는 지금까지 설명한 모든 수행법을 요약합니다.

> 요컨대 복덕과 기쁨을
> 직접적이고 직접적이지 않은 나의 모든 어머니들에게 바치고
> 어머니들의 모든 아픔과 고통을
> 내가 받기를 기원합니다.

이 시는 '주고받기 수행'(수행법tong len)으로 알려진 특정한 불교 수행법을 의미합니다. 이는 주고받는 모습을 상상함으로써 우리 자신과 다른 사람들을 평등하게 생각하여 서로를 바꾸는 수행입니다.

'우리 자신과 다른 사람을 바꾸는 것'을 단순히 내가 다른 사람이 되고 다른 사람이 내가 된다는 뜻으로 받아들여서는 안 됩니다. 어쨌든 이러한 상황은 일어날 수 없습니다. 여기서 의미하는 바는 서로가 입장을 바꿔서 생각하라는 것입니다. 우리는 이른바 '자아'라는 것을 우리 존재의 귀중한 핵심으로 여겨 다른 사람의 행복을 무시하면서까지 소중히 받들어야 한다고 생각하는 경향이 있습니다. 대조적으로 다른 사람을 대하는 태도에는 무관심한 경우가 많습니다. 기껏해야 다른 사람들에 대해서 얼마간 관심을 갖지만 그저 느낌이나 감정의 단계에 머무릅

니다. 대체로 우리는 다른 사람들의 행복에 무관심하고 진지하게 생각하지 않습니다. 따라서 이 수행의 핵심은 이 태도를 바꿔 우리 자신에 대한 강한 몰두와 집착을 줄이고, 다른 사람들의 행복을 의미 있고 중요하게 생각하도록 노력하는 것입니다. 자신이 피해와 고통을 받아야 한다고 제안하는 이런 종류의 접근법을 대할 때는 이를 신중하게 고려하고 적절한 맥락 안에서 인식하는 것이 중요합니다. 실제로 이 말은 영적인 길을 따르고 다른 사람들의 행복에 관해 생각하는 법을 배우는 과정에서 어떠한 고난과 고통이 따르더라도 기꺼이 감수할 준비가 되어 있어야 한다는 뜻입니다. 자신을 미워하거나 학대하거나 스스로에게 자학적인 고통을 가하라는 뜻이 아닙니다. 이런 의미가 아니라는 것을 아는 것이 중요합니다.

오해하지 말아야 하는 또 하나의 예는 "필요하다면 가장 깊은 지옥에서도 몇 겁을 지나고 수많은 생을 보낼 수 있는 용기를 지니게 되기를 기원합니다"라는 티베트의 유명한 시구입니다. 이 말의 핵심은 다른 사람들의 행복을 위해 노력하는 과정에서 요구되는 용기를 기꺼이 받아들이고 그에 헌신할 의지가 있다면, 이 정도의 수준은 되어야 한다는 뜻입니다.

이러한 문구들을 정확히 이해하는 일이 매우 중요한 까닭은 다음과 같습니다. 이를 이해하지 못할 경우, 자아가 자기본위의 화신이라면 스스로 망각 속으로 사라져야 한다고 생각해서, 자기혐오를 강화하는 데 이러한 문구를 사용할 수 있기 때문입니다. 근본적으로 영적인 길을 따르려는 소망 뒤에는 최고의 행복을 얻으려는 동기가 자리합니다. 따라서 자신의 행복을 원하듯 다른 사람들의 행복 또한 원하는 것이라는 점을 잊지 말기 바랍니다. 실용적인 관점에서 보더라도 다른 사람들에 대한 진정한 연민을 키우려는 사람은 연민을 키울 만한 기반이 있어야 하는데, 그 기반은 자신의 감정과 교류하고 자신의 행복을 돌보는 능력입니다. 그럴 능력이 없으면 다른 사람들에게 손을 내밀고 관심을 가질 수 있겠습니까? 다른 사람들을 돌보려면 먼저 자신을 돌봐야만 합니다.

'주고받기 수행'은 애정 어린 친절과 연민 수행의 요약입니다. '주는' 수행이 애정 어린 친절 수행을 강조하는 반면 '받는' 수행은 연민의 수행을 강조합니다.

샨티데바는 자신이 쓴 『보살행 안내』에서 이 수행에 대한 흥미로운 방식을 제안했습니다. 그것은 시각화(상상법)를 통해 자기본위의 문제점을 인식하고 그것에 대응하는 방식을 습득하는 것입니다. 한쪽에서는 자신의 일상적인 자아, 즉 다른 사람들의 행복에 전혀 영향받지 않는 자아와 자기본위의 화신을 시각화합니다. 이 자아는 매우 오만하게도 다른 사람들을 부당하게 이용할 만큼 자신의 행복만을 신경 쓰는 자아입니다. 그리고 다른 한편에서는 아무런 보호막과 피신처 없이 고통에 빠진 사람들의 무리를 시각화합니다. 원한다면 구체적인 사람들에게 집중해도 좋습니다. 예를 들어 잘 아는 사람 중에 고통에 빠진 사람이 있다면 그 사람을 선택해서 주고받기 수행의 전 과정을 그를 대상으로 하면 됩니다. 세 번째로 자신을 중립적이고 객관적인 제삼자 관찰자로 설정해서 누구의 이익이 더 중요한지 평가합니다. 자신을 중립적인 관찰자의 입장으로 분리시키면 자기본위의 한계를 알고 다른 지각 있는 중생들의 행복에 관심을 가지는 것이 훨씬 더 공정하고 분별 있는 일이라는 걸 알기 쉽습니다.

이러한 시각화를 통해서 서서히 다른 사람들과의 친밀감을 느끼고 그들의 고통에 깊이 공감하게 됩니다. 그리고 이 시점에서 주고받기 수행을 실질적으로 시작할 수 있습니다.

주고받기 수행을 이행하기 위해서는 종종 또 다른 시각화를 하는 것이 도움이 됩니다. 먼저 고통받는 사람들에게 주의를 집중한 뒤 그들의 고통이 견디기 힘들다고 느낄 만큼 그들을 향한 연민을 키우고 강화하려고 노력합니다. 하지만 그와 동시에 실질적으로 그들을 도울 방법이 거의 없다는 사실을 깨닫습니다. 따라서 더욱 효과적으로 수행하기 위해서는 연민 어린 동기를 가지고 그들의 고통과 그 고통의 원인, 부정적인 생각과 감정 등을 자신이 떠맡는다고 상상합니다. 그들의 고통과 부정적인 마음이 검은 연기라고 상상하며 이 연기가 자신에게 흡수되어 사라진다고 상상합니다.

이 수행을 할 때는 자신의 긍정적인 면을 다른 사람들과 공유한다는 상상을 할 수도 있습니다. 자신이 했던 선행, 자신에 내재한 긍정적 잠재력, 또한 자신이 얻은 영적 지식이나 통찰력을 생각할 수 있습니다. 다른 지각 있는 중생들 역시 자신의 장점을 누리도록 이것들을 그들에게 보내십시오. 여러분의 자질을 밝은 빛이나 희끄무레한 빛줄기라고 상상하고 다른 사람들을 통과해 그들에게 흡수된다고 생각하세요. 지금까지 주고받기 수행을 설명했습니다.

물론 이런 종류의 수행법은 상상이기 때문에 다른 사람들에게 물리적인 영향을 주지는 않습니다. 하지만 다른 사람들에 대한 관심과 다른 사람들의 고통에 대해 공감하는 능력을 키울 수 있습니다. 또한 자기본위로 생각하는 습관을 줄일 수 있습니다. 그것이 이 수행의 장점입니다.

지금까지 다른 지각 있는 중생들을 돕겠다는 이타심을 키우는 마음 수련법을 소개했습니다. 완전한 깨달음을 얻겠다는 염원과 함께 이 수련을 한다면 보리심을 얻을 수 있습니다. 보리심이란 다른 모든 지각 있는 중생들을 위해 완전한 깨달음을 얻고자 하는 이타적 염원입니다.

마음 수련: 여덟 번째 시

마지막 시입니다.

> 이 모든 것이
> 여덟 가지 일상적인 관심사로 인해
> 때 묻지 않기를
> 그리고 모든 것이 착각임을 알아서
> 전혀 집착이 없이 속박에서 해방되기를 기원하나이다.

이 시의 첫 두 줄은 진실한 수행자에게 매우 중요합니다. 여덟 가지 일상적인 관심사는 일반적으로 우리의 삶을 지배하는 다음과 같은 태도입니다. 칭찬을 들었을 때 우쭐한 마음, 모욕당하거나 하찮은 취급을 당했을 때 우울한 마음, 성공했을 때 행복한 마음, 실패했을 때 우울한 마음, 재물을 얻었을 때 기뻐하는 마음, 빈궁하게 되었을 때 기죽는 마음, 명성을 얻었을 때 만족하는 마음, 인정받지 못했을 때 우울한 마음입니다.

진정한 수행자는 이타심을 키우려는 마음에 이런 생각들로 오염되지 않도록 각별히 주의해야만 합니다. 예를 들어 제가 이 강연을 하면서 제 마음 한구석에 사람들이 저를 칭송하기를 바라는 마음이 털끝만큼이라도 있다면, 저의 동기가 티베트인들이 말하는 '여덟 가지 일상적인 관심사'에 오염되었다는 증거입니다. 그렇게 되지 않도록 주의 깊게 자신을 점검하는 일이 매우 중요합니다. 비슷한 예로 어떤 수행자가 일상생활에 이타심을 적절히 적용한다고 칩시다. 그런데 불현듯 그가 스스로에 자부심을 느껴 "아, 나는 훌륭한 수행자야"라고 생각한다면, 그 순간 여덟 가지 일상적인 관심사가 그의 수행을 오염시킨 것입니다. 수행자가 자신이 쏟는 노력을 사람들이 칭찬해주기를 바라는 마음에서 "사람들이 나의 행실을 우러러 보았으면 좋겠다"라고 생각하는 것도 같은 경우입니다. 이러한 생각이 수행을 망치는 일상적인 관심사입니다. 우리의 수행을 순수하게 유지하기 위해서 이러한 일이 발생하지 않도록 유념하는 일이 중요합니다.

아시다시피 생각을 바꾸는 마음 수련(로종Lojong) 가르침의 교훈은 매우 강력합니다. 그 가르침은 정말로 여러분을 생각하도록 만듭니다. 예를 들어 다음과 같은 글귀가 있습니다.

> 누군가가 날 업신여길 때 기뻐하게 해주소서. 그리고 누군가가 날 칭찬하면 흡족하게 여기지 않게 해주소서. 칭찬에 기뻐하면 그 순간 나의 오만, 자부심, 자만심이 늘어납니다. 그와 달리 비판에 기뻐하면 최소한 자신의 결점에 눈을 뜰 것입니다.

정말이지 강렬한 감정입니다.

지금까지 '일반적인 보리심', 즉 모든 지각 있는 중생을 위해 온전한 깨달음을 얻기 원하는 이타심을 키우는 수행에 관해서 살펴보았습니다. 여덟 번째 시의 마지막 두 줄은 '궁극적인 보리심'을 키우는 수행을 의미합니다. 다시 말해 실체의 궁극적인 본성을 보는 통찰력을 얻는 것입니다.

지혜를 얻는 것은 보살의 이상에 속하지만, 앞서 보았듯이 일반적으로 불교의 수행법과 지혜에는 크게 두 가지 측면이 있습니다. 둘 모두 깨달음의 정의에 포함되는 것으로 완전한 형태의 비이원성non-duality과 온전한 지혜가 그것입니다. 지혜 혹은 통찰력을 수행하는 일은 지혜의 온전함과 관련된 반면, 능숙한 수단이나 방법을 수행하는 일은 형태의 완전함과 관련됩니다.

불도는 근거, 경로, 결실이라고 부르는 일반적 틀 내에서 표현됩니다. 첫째로 우리는 일반적인 진리와 궁극적인 진리라는 두 차원을 기초로 실상의 본질에 대한 이해를 키웁니다. 이것이 근거입니다. 그 다음으로 실제적인 경로에서 우리는 방법과 지혜의 관점에서 점진적으로 명상과 영적 수행을 실천합니다. 영적 수행의 길에서 마지막 결실은 완전한 형태의 비이원성과 온전한 지혜의 관점에서 발생합니다.

다음이 마지막 두 줄입니다.

그리고 모든 것이 착각임을 알아
전혀 집착이 없이 속박에서 해방되기를 기원하나이다.

이 내용은 실제로는 실상의 본질을 꿰뚫는 통찰력을 키우는 수행을 가리킵니다. 하지만 표면상으로는 명상 기간이 끝난 단계에서 세상과 관계하는 방식을 설명하는 것으로 보입니다. 실상의 궁극적인 본질에 대해 불교는 중대한 두 시기를 구분합니다. 공에 대해 명상하는 시기와 그 후 실생활에 적극적으로 참여하는 시기입니다. 따라서 이 시의 마지막 두 줄은 공에 관해 명상한 후 세상과 관계하는 방식을 직접적으로 말합니다. 이 시에서 현실을 착각, 즉 환상 같다고 말한 것도 그 때문인데, 공에 대한 한 점 바라보기 명상을 마친 사람이 세상을 바라보는 방식이 이와 같으니까요.

저의 관점에서는 이 시구가 매우 중요하다고 생각됩니다. 때로 사람들이 정말로 중요한 것은 명상 기간 동안에 들어가는 선정이라고 생각하기 때문입니다. 그들은 선정을 마친 후에 이 경험을 어떻게 실생활에 적용할지에 대해서는 관심을 기울이지 않습니다. 하지만 저는 명상 후의 기간이 매우 중요하다고 생각합니다. 실상의 궁극적 본질을 명상하는 방식은 우리가 외양에 속지 않는다고 생각할 때 그것이 종종 속임수일 수 있다는 것을 명확히 알려 줍니다. 실상을 더욱더 깊이 이해하게 되면 겉모습을 넘어서 훨씬 더 적절하고, 효과적이며, 실질적인 방식으로 세상과 관계할 수 있습니다.

저는 종종 이웃과 어떠한 방식으로 관계를 맺어야 하는지 예를 들어 설명합니다. 여러분이 이웃과의 교류가 거의 불가능한 특수 지역에 살고 있다고 상상해보세요. 하지만 이웃을 외면하는 것보다는 그들과 어울리는 편이 실제로 더 유익합니다. 가장 현명하게 이웃과 교류하기 위해서는 이웃의 성격을 얼마나 잘 파악하느냐가 관건입니다. 예를 들어 재주가 많은 옆집 남자와 사이좋게 잘 지내면 여러분에게 이로울 것입니다. 동시에 그가 실은 그다지 좋은 품성이 아니라는 사실을 알았다고 칩시다. 그래서 그와 우정 어린 관계를 유지하면서 그에게 이용당하지 않도록 주의한다면, 그 정보는 더할 나위 없이 귀중할 것입니다. 마찬가지로 명상을 통해 실상을 깊이 이해한 후에는 세상살이를 하면서 훨씬 더 적절하고 실질적인 방식으로 사람이나 사물들과 관계를 맺을 것입니다.

모든 현상이 착각이라고 한 시구의 내용은 현상을 별개의 독립체로 보는 집착에서 해방되었을 때만 사물의 본질을 착각으로 인식할 수 있음을 암시합니다. 그러한 집착에서 일단 해방되면 자동적으로 실상을 착각이라고 인식하게 될 것입니다. 여러분 앞에 어떤 상황이 발생할 때마다, 그것이 독립적이거나 객관적인 존재성을 가졌더라도, 명상의 결과, 여러분은 그것이 실제가 아님을 알게 될 것입니다. 세상 만물은 보이는 것처럼 실제적이고 확고한 것이 아니라는 것을 인식합니다. 따라서 '착각'이라는 말은 우리가 사물을 인식하는 방식과 사물이 실재하는 방식의 차이를 가리킵니다.

깨달음을 위한 시

마음을 변화시키기 위한 여덟 편의 시에 담긴 영적인 이상에 찬사를 보내는 사람들은 깨닫고자 하는 마음을 얻기 위해 다음의 시를 읽는 것이 도움이 됩니다. 수행하는 불자들은 이 시의 의미를 음미하며 이타심과 연민을 향상시키는 노력을 해야만 합니다. 다른 종교 전통의 수행자들은 이 시를 통해 자신이 믿는 종교의 영적인 가르침을 상기하고, 이타적인 이상을 추구하며, 이타심을 키우려는 노력에 전념할 수 있습니다.

> 모든 존재를 해방시키고자 하는 서원을 세워
> 내가 완전한 깨달음에 이를 때까지
> 불, 법, 승의 피신처로 언제나 달려갈 것입니다.
>
> 지혜와 연민에 열광해
> 오늘 붓다의 존재 안에서

모든 지각 있는 중생을 제도하기 위해
나는 온전한 깨달음의 서원을 세웁니다.

공간이 지속되는 한
그리고 생명체가 남아 있는 한
그때까지 나 또한
세상의 고통을 물리치리라.

 끝으로 저처럼 자신을 붓다를 따르는 사람이라고 생각하는 사람들은 가능한 한 수행을 많이 해야만 합니다. 다른 종교 전통을 따르는 사람들에게는 이렇게 말하고 싶습니다. "여러분의 종교를 진지하고 진실하게 수행하시기 바랍니다." 그리고 종교가 없는 사람들에게는 따뜻한 마음을 가지려고 노력하기를 당부 드립니다. 이러한 당부를 드리는 이유는 이러한 마음 자세가 실제로 우리에게 행복을 가져다주기 때문입니다. 앞서 언급했듯이 다른 사람들을 보살피면 실제로 자신이 복을 받습니다.

<small>4대 법왕 달라이 라마의 공식 웹사이트에 녹음된 연설에서 발췌.</small>

2

과학과
종교

과학과 종교의 연합

분노, 공포, 증오와 같은 파괴적인 감정으로 인해 전 세계적인 커다란 문제가 일어날 때가 있습니다. 일간신문을 보고 이러한 감정의 파괴적인 힘을 암울하게 상기하는 가운데 우리가 던져야 할 질문은 이 감정을 어떻게 극복할 것인가 하는 것입니다. 물론 이러한 불안한 감정은 언제나 인간의 조건의 일부분이었습니다. 인류는 수천 년 동안 이 감정과 씨름해왔습니다. 하지만 저는 종교와 과학이 힘을 모은다면 이 감정에 대처할 수 있는 귀중한 기회를 얻을 수 있다고 믿습니다.

과학자들과의 대화를 통한 발견

이러한 생각으로 저는 1947년부터 과학자 집단과 지속적인 대화를 시도했습니다. 그들은 양자물리학과 우주론에서부터 연민과 파괴적인 감정에 이르기까지 광범위한 주제를 탐구해왔습니다. 저는 과학적인 발견이 우주론과 같은 지식 분야를 깊이 이해시키는 한편 불교의 설명은 때로 과학자들에게 전공 분야에 대한 새로운 시각을 제시한다는 사실을 발견했습니다. 우리의 대화는 과학뿐 아니라 종교를 위해서도 유익했습니다.

불교적 가르침의 타당성

불교는 현실을 이해하는 것이 중요하다고 가르칩니다. 따라서 우리는 현대 과학자들이 실험을 통해 발견한 사실과 측정을 통해 실제 상황이라고 증명한 내용에 주목해야만 합니다.

과학의 기여

일반적으로 말해 과학은 그동안 물질세계를 이해하기 위한 놀라운 수단이었습니다. 과학은 아직 밝혀내야 할 것들이 많지만 현 시대에 어마어마한 발전을 이뤘습니다. 하지만 현대 과학은 내면의 경험에 있어선 그다지 발전하지 못했습니다.

마음을 깊이 탐색하는 불교

그에 반해 고대 인도의 사상인 불교는 마음의 작용을 깊이 탐구합니다. 수세기 동안 많은 사람들이 이 분야에서 실험을 시도해왔고, 그들의 지식을 기초로 한 수행의 결과 중대하고도 놀랄 만한 경험을 했습니다. 그러므로 과학자와 불교학자들이 더욱 활발히 논의하고 합동으로 연구한다면 인간의 지식을 넓히는 데 유용할 수 있습니다.

행복과 내적 평화의 중요성

인간이 생존하는 데 행복과 내적 평화가 중요합니다. 그렇지 않으면 우리 아이들과 그들의 아이들의 인생은 불행하고, 대단히 위험하며, 짧아질 공산이 큽니다. 2001년 9월 11일의 비극은 증오에 이끌린 현대 기술과 인간 지능이 엄청난 파괴를 몰고 올 수 있다는 점을 여실히 증명했습니다. 물질적인 발전은 분명히 행복과 편안한 생활에 얼마간 기여를 합니다. 하지만 그것으로 충분치 않습니다. 더 깊은 단계의 행복을 성취하려면 내적 발전을 무시할 수 없습니다. 저는 인간 가치에 대한 우리의 기본 감각이 강력하고 새로운 물질적 발전에 보조를 맞추지 못했다고 생각합니다.

과학자들이 탐구하도록 격려하세요

그러한 이유로 저는 과학자들이 티베트의 숙련된 영적 수행자들을 대상으로 종교의 외적인 환경에서 영적 수행이 다른 사람들에게 미치는 긍정적인 효과를 연구, 실험할 수 있도록 허락했습니다. 내적인 작용 방식을 분명히 밝히고자 하는 과학자들의 도움을 얻는 것도 하나의 접근방법이 될 것입니다. 여기서 중요한 핵심은 우리의 마음, 의식, 감정의 세계에 대한 이해를 넓히는 것입니다.

내면의 평화에 대한 실험

일부 수행자들이 혼란스런 환경에서도 내적 평화의 상태에 머물 수 있다는 것을 보여주는 실험은 이미 수행되었습니다. 실험 결과 사람들은 더 행복하고, 파괴적인 감정에 덜 민감하며, 다른 사람들의 감정에 더 공감한다는 사실이 밝혀졌습니다. 이러한 수행의 방식은 유용할 뿐만 아니라 돈이 들지 않습니다. 무엇을 사거나 공장에서 만들 필요가 없습니다. 약이나 주사가 필요 없습니다.

비불교신자들과 결과물 공유하기

다음의 문제는 이러한 유익한 결과를 비불교신자들과 어떻게 공유하는가 하는 것입니다. 이는 불교나 여타 종교의 전통에 위배되지 않습니다. 그저 마음의 잠재력을 분명히 알아보려는 시도일 뿐입니다. 부자이건 빈자이건, 배운 자이건 배우지 못한 자이건 평화롭고 의미 있는 인생을 이끌어갈 잠재력을 가지고 있습니다. 우리는 가능한 잠재력을 최대한 이끌어내는 방법을 반드시 탐구해야 합니다.

탐구에 따른 불안

그러한 탐구의 과정에서 가장 큰 불안은 외적 원인이 아닌 불안한 감정과 같은 내적인 사건에 의해서 생겨납니다. 이러한 동요의 원천을 잠식시킬 최고의 안정제는 이러한 감정을 다루는 우리의 능력을 향상시키는 것입니다. 결국 우리는 스스로 부정적인 감정을 극복하는 수단과 방법을 제공하는 인식을 개발할 필요가 있습니다.

영적 방법이 중요한 이유

영적 방법이 가능하지만 우리는 이 방법을 영적 성향이 강하지 않은 대중이 수용할 수 있도록 만들어야 합니다. 그렇게만 할 수 있다면 이 방법은 최대의 효과를 갖게 될 것입니다. 이 방법이 중요한 이유는 과학적, 기술적, 물질적 발전이 모든 문제를 해결할 수 없기 때문입니다.

우리는 물질적 가치와 연민, 용서, 자족, 자기절제와 같은 인간의 내면적 가치를 결합하여 함께 발전시킬 수 있도록 노력해야 할 것입니다.

매사추세츠 주, 서머빌 소재 위즈덤 출판사의 허가를 받아 1999년, 14대 달라이 라마, 텐진 갸초가 출간한 『새로운 인식의 눈을 뜨기 Opening the Eye of New Awareness』를 재출간했으며, 14대 달라이 라마의 공식 웹사이트에 실린 메시지 『과학과 종교의 공조 A Collaboration between Science and Religion』에서 발췌.

실험실의 스님

불교는 2500년 동안 마음을 탐구해온 역사를 가지고 있습니다. 수천 년 동안 많은 수행자들이 파괴적인 감정으로 치닫는 우리의 성향을 극복하는 방법에 대해 소위 '실험'이라는 걸 해왔습니다. 저는 티베트의 영적 수행이 종교 수행과 별개로 일반인들에게 어떤 이점을 가져다주는지 알아보기 위해 과학자들에게 티베트의 원로 수행자들을 실험하도록 권했습니다. 이 실험의 목적은 마음과 양심, 감정의 세계를 더욱더 잘 이해하기 위한 것이었습니다.

뇌과학 연구실

이런 이유로 저는 위스콘신 대학 리처드 데이비슨 박사의 뇌과학 연구소를 방문했습니다. 데이비슨 박사는 명상하는 동안 뇌의 변화를 관찰할 수 있는 영상 장비를 이용해 연민이나 마음의 평정, 의식을 향상시키는 불교 수행의 효과를 연구했습니다. 수백 년 동안 불자들은 이러한 수행법으로 침착함과 행복, 사랑을 증진시키는 동시에 파괴적인 감정을 점점 줄일 수 있다고 믿어 왔습니다.

수행을 통한 평화

데이비슨 박사에 따르면 현재 과학계에서는 이러한 믿음에 주목하고 있습니다. 데이비슨 박사는 긍정적인 감정이 생기는 이유를 다음과 같이 말합니다. 마음챙김 명상은 공포와 분노를 자극하는 뇌의 한 부분을 진정시키는 신경회로를 강화합니다. 그 결과 뇌의 사나운 충동과 우리의 행동 사이에서 일종의 완충장치가 가능하다는 가정이 성립됩니다. 실험을 통해 일부 수행자가 극도로 불안한 상황에서도 내적 평화 상태에 도달할 수 있다고 밝혀졌습니다. 캘리포니아 대학의 폴 에크만 박사가 제게 말하기를 신경을 심하게 거스르는 소리(총성같이 커다란 소리)에도 자신이 실험한 불교 승려가 놀라지 않았다고 합니다. 에

크만 박사는 그렇게 불안한 상황 속에서 그토록 침착한 사람을 한 번도 본 적이 없다고 합니다.

명상을 통한 내적 평화

저는 제 삶에서 이러한 방식들을 적용하려고 노력합니다. 나쁜 소식, 특히 우리 티베트 동포들로부터 비극적인 이야기를 들었을 때 저는 자연스럽게 슬픔을 느낍니다. 하지만 이 상황에 명상의 방식을 적용하면 잘 대처할 수 있습니다. 명상을 하면 최악의 소식을 들었을 때도 그야말로 마음을 망가뜨리고 가슴을 쓰라리게 만드는 어쩌지 못할 분노의 감정이 덜 일어납니다. 하지만 잘 생각해보면 고통의 대부분이 외적 원인 때문이 아닌 불안한 감정이 일어나는 것과 같은 내적 사건 때문이라는 걸 알 수 있습니다. 이러한 불안에 대한 해결책은 그러한 감정을 다스리는 능력을 키우는 것입니다.

뇌파 측정기

데이비슨 박사는 뇌파 측정기를 이용해 인도에 있는 우리 수도원 수도원장의 뇌파를 측정했습니다. 데이비슨 박사에 따르면 그 수도원장의 뇌파가 그의 실험실에서 측정한 뇌 가운데 긍정적인 감정과 관련한 뇌 중추의 활동이 가장 왕성했다고 합니다. 물론 명상 수행은 몇 개월씩 명상 안거 기간을 보내는 승려들만을 위한 건 아닙니다. 데이비슨 박사는 스트레스를 매우 많이 받는 직종에 종사하는 사람들에 대한 연구 결과를 알려주었습니다. 불교도가 아닌 이 사람들은 각성의 상태, 즉 마음을 챙기는 방법을 배웠는데, 이 상태에서는 마음에 휘둘리지 않고 마치 흘러가는 강물을 보듯 생각이나 느낌이 오고 갑니다.

명상의 효과

실험이 시작되고 8주 후 데이비슨 박사는 이 사람들의 뇌에서 긍정적인 감정을 일으키는 부위가 점점 활성화된다는 걸 알게 되었습니다. 이것이 암시하는 바는 분명합니다. 오늘날의 세상에는 어떠한 공격이나 도전을 받더라도 안정감을 확보하고 '적'과 대화할 수 있는 시민과 지도자가 필요합니다. 명상은 유용할 뿐만 아니라 돈이 들지 않습니다. 약이나 주사가 필요 없습니다. 불교도가 되거나 특정한 신앙을 가져야 할 필요도 없습니다. 모든 사람에게는 평화롭고 의미 있는 삶을 영위할 잠재력이 있습니다. 우리는 최대의 잠재력을 끌어낼 수 있는 방법을 탐구해야만 합니다.

인류의 생존 요소

인류가 생존하는 데 행복과 내적 평화는 중요합니다. 그렇지 않으면 아이들과 또 그들의 아이들의 삶이 불행하고, 대단히 위험하며, 짧아질 가능성이 커집니다. 물질적 발전은 분명 얼마간 행복과 편안한 생활에 기여합니다. 하지만 그것으로 충분치 않습니다. 더 깊은 단계의 행복을 성취하려면 내적인 발전을 무시할 수 없습니다. 2001년 9월 11일의 비극은 증오에 이끌린 현대 기술과 인간 지능이 엄청난 파괴를 몰고 올 수 있다는 것을 여실히 입증했습니다. 이러한 끔찍한 행동은 병든 마음 상태가 사나운 증상으로 나타난 것입니다. 현명하고 효과적으로 대처하기 위해서는 더욱더 건강한 마음의 상태를 키워 증오의 불길에 기름을 붓는 일을 피하고 능숙하게 대처할 필요가 있습니다. 증오와 테러에 맞선 전쟁은 이렇듯 내면의 전선에서도 벌어질 수 있다는 점을 우리는 반드시 기억해야 합니다.

달라이 라마가 쓴 글을 2003년 4월 26일 『뉴욕 타임즈 New York Times』지가 보도한 내용.

기로에 선 과학

저는 뇌과학자, 심리학자들과 긍정적이고 부정적인 정서의 성격과 역할, 주의력, 심상과 더불어 뇌의 유연성에 관해 대화함으로써 많은 통찰을 얻었습니다. 뇌과학과 의학 연구에 의해 단순한 물리적 접촉이 출생한 지 몇 주 되지 않은 아기의 뇌 성장에 중대한 역할을 한다는 증거가 분명히 밝혀졌습니다. 따라서 연민과 인간의 행복 사이의 밀접한 연관성이 강력하게 증명된 셈입니다.

과학의 급성장

지난 수십 년 동안 과학이 크게 진보하면서 우리는 인간의 뇌와 신체에 대해 많은 것을 알게 되었습니다. 더구나 생물 유기체의 작용을 다루는 유전학, 뇌과학(신경과학) 분야의 신지식이 출현하면서 개인의 상세한 유전자 정보까지 파악할 수 있는 단계로 발전했습니다. 그 결과 예기치도 않게 생명의 암호를 조작할 수 있는 기술이 생겨났고, 따라서 인류의 현실이 완전히 새롭게 전개될 가능성이 열렸습니다. 오늘날 과학과 인간의 연결점을 확대시키는 문제는 이제 더 이상 학문적인 관심으로 끝나지 않습니다. 이는 인간 존재의 운명에 관심을 가진 모든 사람이 절박하게 던져야 할 질문입니다.

대화의 필요성

그래서 저는 뇌과학과 사회 간의 대화는 대단히 유익하리라고 봅니다. 그로 인해 인간에 대한 이해가 깊어지고 지각 있는 중생과 공유하는 자연계에 대한 책임감이 커질 수 있기 때문입니다. 반가운 소식이 있는데, 이러한 연결점을 확대하는 가운데 일부 뇌과학자들이 불교의 명상 수련에 큰 관심을 갖고 우리와 깊은 대화를 하고 있다는 것입니다.

과학에 대한 관심 증대

과학에 대한 저의 관심은 티베트에서 성장한 장난꾸러기 소년의 호기심에서 출발했지만, 현대 세계를 이해하기 위해서는 과학과 기술이 엄청나게 중요하다는 사실을 점점 깨닫게 되었습니다. 저는 구체적인 과학 사상을 이해하려고 노력했을 뿐만 아니라 과학을 통해 새롭게 발전한 인간의 지식과 기술을 더욱 더 널리 활용하는 방법도 탐구했습니다. 지난 몇 년 동안 저는 아원자 물리학, 우주학, 생물학, 생리학의 영역을 탐구했습니다. 저에게 너그럽게 시간을 내준 카를 프리드리히 프라이헤어 폰 바이츠제커Carl Friedrich Freiherr von Weizsacker(1912~2007)와 데이비드 조셉 봄David Joseph Bohm(1917~1992)에게 신세를 많이 졌습니다. 두 분 모두 양자역학의 스승들이었고 생물학 분야, 특히 뇌 과학은 고인이 되신 로버트 리빙스턴Robert Livingstone과 프란시스코 바렐라Francisco Varela로부터 배웠습니다. 또한 영광스럽게도 마음과 삶 협회Mind and Life Institute가 후원한 콘퍼런스에 참여해 이야기를 나눈 수많은 저명한 과학자들에게도 감사합니다. 이 협회는 1987년 제가 거주하는 인도의 다람살라에서 '마음과 삶 콘퍼런스'를 처음으로 시작했습니다. 이러한 콘퍼런스는 수년 동안 지속되어 오고 있습니다.

불교 수행승이 여기서 무엇을 하는가?

다음과 같이 의아해하는 사람이 있을지 모릅니다. "불교 수행승이 과학에 그렇게 깊은 관심을 갖는 이유가 뭡니까?" "불교, 고대 인도의 철학, 정신적 전통, 현대 과학 사이에 어떤 연관성이 있을까요?" "뇌과학과 같은 과학 지식과 불교의 전통 명상 수련을 접목하면 어떤 이점이 있을까요?"

불교의 명상 전통

불교의 명상 전통과 현대 과학은 서로 다른 역사적, 지적, 문화적 바탕에서 발전했지만, 내심 저는 이 두 전통이, 특히 기본 철학관과 방법론에서 공통되는 부분이 상당히 많다고 생각합니다. 철학적인 면에서 불교와 현대 과학 모두 절대적인 개념에 대해 회의적입니다. 초월적 존재이든 영혼이나 현실의 기초적인 기층과 같은 영원하고 불변한 원리이든 간에 말입니다. 불교와 뇌과학은 진화와 우주의 탄생을 인과의 자연법칙에 의한 복잡한 상호관계로서 설명하기를 좋아합니다. 방법론적인 관점에서 보자면 이 두 전통은 경험론의 역할을 강조합니다. 예를 들어 불교의 탐구 전통에서는 지식의 근원을 ①경험, ②이성, ③증거라고 인식합니다. 그중 경험을 가장 우선시하며 그 다음이 이유, 증거 순입니다.

불교의 실재 탐구

이는 불교가 실재를 탐구하는 방식에서 원리적이고 경험적인 증거가 아무리 숭배받는 경전일지라도 경전의 권위를 능가한다는 것을 의미합니다. 이성이나 추론에서 도출된 지식인 경우에도 그 타당성은 궁극적으로 경험을 통한 관찰에서 얻어져야만 합니다. 이러한 방법론적 관점 때문에 저는 종종 동료 수행승들에게 다음과 같이 말합니다. "현대 우주학과 천문학을 통해 경험적 통찰을 얻게 되었으므로 고대 불교 경전에서 말하는 많은 전통적인 우주 지식을 수정하거나 어떤 경우에는 거부해야 합니다."

고통과 인간성의 탐구

불교가 실재를 탐구하는 일차적 동기는 고통을 극복하고 인간의 조건을 완벽하게 하기 위함입니다. 따라서 불교의 탐구 전통은 기본적으로 인간의 마음과 마음의 다양한 기능을 이해하는 방향으로 흘러왔습니다. 불교는 인간 정신에 대한 깊은 통찰을 얻음으로써 생각, 감정, 그리고 그 밑바탕에 깔린 성향을 바꾸는 방법을 찾아 더욱더 건전하고 충만한 존재의 방식을 찾을 수 있다고 추정합니다. 이는 구체적인 정신적 특성을 키우기 위한 명상 기법과 함께 풍요로운 정신 상태를 추구해온 불교의 전통과 맥을 같이합니다. 따라서 불교의 축적된 지식과 경험을 통해, 인식과 정서에서 인간 뇌의 고유한 변화 능력에 이르기까지 인간 마음의 문제를 광범위하게 연구하는 현대 과학과 진실한 교류를 한다면 매우 흥미롭고도 유익할 것입니다.

변화의 잠재력

불교는 인간의 마음에 엄청난 변화의 잠재력이 내재한다고 오랫동안 주장해왔습니다. 이 때문에 불교 전통은 두 가지 기본 목표를 세우고 광범위한 명상 기법, 명상 수련 등을 발전시켜 왔습니다. 두 가지 목표는 연민 어린 마음을 함양하는 것과 실상에 대한 깊은 통찰력을 키우는 것입니다. 이 통찰력을 연민과 지혜의 결합이라고 말합니다.

명상 수련의 핵심

이런 명상 수련의 중심에는 두 종류의 중요한 기법이 존재합니다. 집중력과 더불어서 집중력을 유지하는 적용법을 개발하는 것이 하나이고, 감정을 조절하고 변화시키는 것이 또 다른 하나입니다. 이 두 종류 모두에서 불교의 명상 전통과 뇌과학이 함께 연구할 수 있는 커다란 잠재력이 있을 것이라고 생각합니다. 예를 들어 현대의 뇌과학은 주의력과 정서에 관련한 뇌의 작용에 관해 많은 부분들을 알아냈습니다. 한편 오랜 역사를 통해 마음 수행에 관심을 가져온 불교의 명상 전통은 주의력을 향상시키고 감정을 조절하며 변화시키는 실제적인 기법을 제공합니다. 따라서 현대의 뇌과학과 불교의 명상 수련이 만나면 특정한 정신 과정에 중요하다고 밝혀진 뇌 회로에서 일어나는 의도적인 정신 활동의 효과를 연구할 수 있습니다. 이러한 학문 간의 교류를 통해 많은 핵심 영역에서 중대한 질문들이 제기될 수 있습니다.

감정과 주의력의 규제 능력

예를 들어 개인마다 감정과 주의력을 규제하는 능력이 정해져 있는 걸까요, 아니면 불교 전통에서 주장하듯 누구나 이 기능과 관련한 행동과 뇌의 체계가 엇비슷하게 유연하므로 이러한 정신 과정을 조절하는 능력을 쉽게 변화시킬 수 있는 걸까요? 불교의 명상 전통은 연민의 마음을 수련하는 실용적인 기법을 개발하는 데 중대한 기여를 했습니다. 마음 수행에 관해서는 주의력과 감정 조절 기법에 따라 시간적 감도에 미치는 효과가 달라지는지에 대한 문제가 제기되었습니다. 그래야 연령과 건강상태 그리고 그 밖의 다양한 요인들에 맞춰 새로운 방식을 개발할 수 있으니까요.

과학과 종교 간 교류에 따른 문제점

그러나 조심할 필요가 있습니다. 불교와 뇌과학처럼 탐구 전통이 근본적으로 다른 두 학문이 대화하게 되면 문화와 원칙의 경계를 넘나드는 교류에 따르는 문제들이 발생하기 마련입니다. 예를 들어 우리가 '명상의 과학'이라고 말할 때 이 말의 정확한 의미에 대해 민감할 필요가 있습니다. 과학자 입장에서는 전통적인 맥락에서 명상과 같은 중요한 용어에 내포된 다른 의미에 민감할 필요가 있습니다. 전통적으로 명상이란 용어는 산스크리트어로 바바나bhavana이며, 티베트어로는 곰gom입니다. 산스크리트어로는 특정한 습관이나 존재방식을 키우는 것과 같은 '개발'의 의미를 지닙니다. 반면 티베트어로는 익숙함을 개발한다는 의미를 내포합니다. 따라서 불교의 전통에서 명상은 선택된 물건이나 사실, 주제, 습관, 관점, 존재방식 등을 이용해 익숙함을 개발하는 의도적인 정신 활동을 의미합니다.

명상 수련의 종류

명상 수련은 크게 두 카테고리로 나뉩니다. 마음의 고요에 집중하는 것과 이해의 인지 과정에 집중하는 것입니다. 첫 번째를 마음을 안정시키는 명상, 두 번째를 마음을 산만하게 하는 명상이라고 합니다. 두 방식 모두에서 갖가지 다양한 명상의 형태들이 생길 수 있습니다. 예를 들어 이생에서 받은 자신의 일시적인 성격에 대해 명상하는 것과 같이 무엇인가를 인지의 대상으로 선택하는 방식이 있습니다. 또는 다른 사람들의 고통을 덜어주기 위한 진실하고 이타적인 열망을 키움으로써 연민과 같은 특정한 정신 상태를 개발하는 방식을 선택하기도 합니다. 심상(마음의 형상)을 만들어내는 인간의 잠재력을 탐구하는 방식, 즉 상상의 형태를 취할 수도 있습니다. 이 방식은 정신적인 행복을 개발하는 다양한 방법으로 사용되기도 합니다. 따라서 합동 연구를 할 때는 연구할 명상법의 형태를 잘 알아서 명상 수련법의 복잡한 특징들이 과학 연구의 정밀함과 잘 맞아떨어지도록 하는 것이 매우 중요합니다.

불교 사상과 수행의 구분

과학자의 입장에서 중대한 관점이 요구되는 또 다른 영역은 불교 사상과 명상 수련의 경험적 측면과 명상 수련과 관련한 철학적이고 형이상학적인 추정을 구분하는 능력입니다. 바꾸어 말하면 과학적으로 접근할 때 이론적인 추정, 실험에 기초한 경험적인 관찰, 그에 따른 해석을 구분해야 하는 것과 마찬가지로 불교에서도 이론적인 추정, 경험적으로 밝힐 수 있는 마음 상태의 특징, 그에 따른 철학적인 해석을 구분하는 일이 매우 중요합니다. 이러한 방식으로 대화를 나누는 양측 모두 하나의 원칙을 다른 원칙보다 중시하려는 유혹에 빠지지 않고, 인간의 마음을 경험적으로 관찰할 수 있는 공통의 기반을 마련할 수 있습니다. 철학적인 예상과 그에 따른 개념적인 해석에 대해 두 탐구 전통이 차이를 보일 수는 있지만, 경험적 사실에 관한 한 연구자가 그것을 어떻게 설명하든 사실은 사실로 남을 것입니다.

의식의 궁극적 성격

의식의 궁극적 성격이 무엇이든, 다시 말해 의식이 본질적으로 물리적인 과정으로 축소될 수 있는지 없는지에 상관없이 우리의 개념, 사고, 정서의 다양한 측면에 대한 경험적인 사실에 대해서는 이해를 공유할 수 있다고 생각합니다.

마음이란 무엇인가

앞의 주의사항을 유념해서 두 탐구 전통이 밀접하게 협력한다면 우리가 마음이라고 부르는 내적이고 주관적인 복잡한 경험의 세계에 대한 인간의 이해력을 확장시키는 데 진정으로 기여할 수 있다고 믿습니다. 이러한 협력이 이미 열매를 맺기 시작하고 있습니다. 예비 보고서에 따르면 단순히 정기적으로 하는 마음챙김 수련이나 불교에서 발전된 연민을 의도적으로 키워나가는 수련과 같은 마음 수행이 긍정적인 정신 상태와 상호 연결된 인간의 뇌에 변화를 일으킬 수 있다는 사실이 관찰되었습니다.

뇌과학 분야의 연구 결과

뇌과학 분야의 최근 연구 결과, 자발적인 신체 운동과 강화된 환경과 같은 외부 자극에 노출된 결과, 시냅스 연결과 새로운 뉴런의 생성에서 뇌의 타고난 유연성이 입증되었습니다. 불교의 명상 전통은 뇌의 유연성과 관련된 정신 수련을 제안함으로써 이 분야의 과학 연구를 확장하는 데 도움을 줄 수 있을 것입니다. 불교 전통이 암시하듯 정신 수련을 통해 뇌의 시냅스와 신경작용이 변화할 수 있다는 사실이 밝혀지면 그 파급 효과는 대단히 클 것입니다. 이러한 연구의 결과는 단순히 인간의 마음을 이해하는 데 그치지 않습니다. 아마도 교육과 정신 건강을 이해하는 데 중대한 영향을 끼칠 수 있다는 점이 더 중요할 것입니다. 마찬가지로 불교 전통이 주장하듯 개인이 의도적으로 연민의 마음을 키워 다른 사람들에 대한 공감능력이 향상되는 극적인 관점의 변화를 경험한다면 사회 전체에 큰 영향을 미칠 수 있습니다.

윤리와 뇌과학

마지막으로 저는 뇌과학과 불교의 명상 전통이 협력하는 일은 윤리와 뇌과학의 접목이라는 관점에서 매우 중요한 점을 시사한다고 생각합니다. 윤리와 과학의 연관성에 대해 우리가 어떤 시각을 가지고 있든 실제로 과학은 도덕적으로 중립적이고 객관적인 입장에서 기본적으로 경험적인 법칙으로서 발전해왔습니다. 과학은 본질적으로 경험적인 세계와 자연의 근본 법칙에 대한 구체적인 지식을 탐구하는 방식으로 인식되었습니다.

핵무기의 위험성

순수하게 과학의 관점에서만 보면 핵무기의 탄생은 진정으로 놀라운 업적입니다. 하지만 핵무기는 상상할 수 없는 살상과 파괴를 통해 엄청난 고통을 유발할 수 있는 잠재력을 지니고 있습니다. 무엇이 긍정적이고 무엇이 부정적인지 결정하는 것이 윤리의 평가입니다. 최근까지 윤리와 과학을 구분하는 이러한 접근법은 인간의 도덕적인 사고 능력이 지식과 함께 발전한다는 생각과 더불어서 성공한 것처럼 보입니다.

기로에 선 인류

오늘날 인류는 중대한 기로에 서 있습니다. 뇌과학 특히 20세기 말에 급성장한 유전학의 발전으로 인류 역사에 새 장이 열렸습니다. 뇌와 신체에 대한 우리의 지식은 유전자 조작 기술을 가능하게 했고, 이런 과학적 진보에 대한 윤리의 문제가 심각하게 대두되는 단계에 이르렀습니다. 우리의 도덕적 사고가 지식과 권력의 급속한 성장을 따라가지 못했다는 것은 분명합니다. 하지만 이러한 새로운 발견과 그 적용은 인간의 본성과 인간 종의 보존에 대한 개념과 관련될 만큼 영향력이 큽니다. 따라서 사회는 단지 과학 지식과 기술력을 발전시키는 일에만 책임이 있으며, 이 지식과 힘으로 무엇을 할지에 대한 선택은 개인의 손에 달렸다는 관점은 더 이상 타당하지 않습니다. 우리는 과학 발전, 특히 생명과학의 방향과 관련해 인도주의적이고 윤리적인 고려를 할 수 있는 방법을 찾아야만 합니다.

근본적인 윤리 원칙

저는 근본적인 윤리 원칙을 들먹이며 종교 윤리와 과학 연구의 융합을 옹호하는 게 아닙니다. 그보다는 제가 '세속적인 윤리'라고 부르는 연민, 관용, 보살핌, 다른 사람들에 대한 배려 그리고 지식과 힘의 책임감 있는 사용과 같은 핵심적인 윤리 원칙을 아우르는 윤리를 말하는 것입니다. 이런 윤리 원칙은 종교인과 비종교인, 종교와 종교 사이의 경계를 초월합니다. 저는 개인적으로 과학을 포함해서 모든 인간 활동을 상상하기를 좋아합니다. 과학은 손에 붙은 여러 손가락 가운데 하나입니다. 손가락 하나하나가 인간의 공감과 이타심이라는 손에 연결된다면 이 손가락들은 인류의 행복에 계속 봉사하게 될 것입니다.

하나로 연결된 세계

우리는 진정 하나의 세계에 살고 있습니다. 환경 문제와 더불어 현대의 경제, 전자 매체, 국제 관광과 같은 것들을 통해 우리는 세계가 하나로 깊이 연결되었다고 매일 느낍니다. 과학계는 이렇게 서로 연결된 세상에서 실로 중요한 역할을 합니다. 역사적인 이유가 어떻든 오늘날의 과학자들은 사회에서 큰 존경과 신뢰를 누립니다. 저의 철학과 종교 수행을 훨씬 능가하지요. 과학자들에게 호소합니다. 부디 우리 모두가 인간으로서 공유하고 요구하는 근본적인 윤리 원칙에 적합한 과학 연구를 해주십시오!

2005년 11월 12일 미국 수도 워싱턴에서 열린 '뇌과학을 위한 사회' 연례회의에서 한 달라이 라마의 연설문에서 발췌.

종교 간의 화합

우리는 21세기에 살고 있습니다. 내면세계와 물질세계에 대한 연구는 매우 높은 수준입니다. 엄청난 기술의 진보와 인간 지능의 덕택이지요. 하지만 세계는 새로운 많은 문제들에 부딪쳤습니다. 대부분 인간 스스로 만든 문제들입니다.

인간이 스스로 문제를 만드는 근본 원인은 동요하는 자신의 마음을 통제할 능력이 없기 때문입니다. 이렇게 불안한 마음을 통제하는 방법을 세계의 다양한 종교에서 가르치고 있습니다.

마음을 다스리는 방법

저는 불교를 따르는 종교 수행자입니다. 불교를 포함하여 세계의 위대한 종교들이 번성한 이래 수천 년이 흘렀습니다. 저는 세상의 여러 종교가 동요하는 인간의 마음을 다스리는 방법에 관해 많은 해결책들을 제시해왔다는 사실을 인정합니다. 이러한 사실에도 불구하고 우리는 완전한 잠재력을 미처 깨닫지 못했다고 생각합니다. 우리 모두가 동요하는 마음을 통제하려는 노력을 기울이기보다는 "나는 이런저런 종교가 있어"라고 말함으로써 종교에 대한 편애에 빠지는 경향이 있습니다. 심란한 마음에서 기인하는 종교의 오용 또한 문제를 야기합니다.

편견에 따른 부작용

편견을 가지면 결코 전체의 그림을 보지 못합니다. 따라서 실체를 이해할 수 없습니다. 이러한 마음 상태에서 비롯된 행위는 실체와 조화를 이루지 못합니다. 따라서 편견은 많은 문제들을 야기합니다.

깨우친 마음의 결과

불교 철학에 의하면 행복은 깨우친 마음의 결과이며, 고통은 왜곡된 마음에서 기인합니다. 깨우친 마음과 대조되는 왜곡된 마음은 실체와 조화를 이루지 못하는 마음입니다. 인간이 세상에서 추구하는 정치, 경제, 종교 활동을 포함하여 어떠한 문제라도 판단을 거치기 전에 완전히 이해해야만 합니다. 세속적인 문제는 수많은 원인과 조건들의 결과입니다. 따라서 원인과 결과를 아는 것이 중요합니다. 문제가 무엇이든 완전한 그림을 볼 수 있어야 합니다. 그래야 전체를 이해할 수가 있습니다. 불교의 가르침은 합리성에 근거합니다. 그리고 저는 이러한 방식이 매우 유익하다고 생각합니다.

마음속의 의문

혹시 여러분의 마음속에 의문이 생기시나요? 생각할 수 있고 가능한 한 모든 것에 대해 우리 마음이 깨달을 수 있는지 없는지 질문을 던져야 하나요? 이 질문에 대해 답변하기란 용이하지 않습니다.

종교의 초월성

모든 종교에는 마음과 말로는 이해할 수 없는 초월적인 것들이 존재합니다. 예를 들어 기독교의 신과 불교의 법신Wisdom Truth

Body은 형이상학적이므로, 우리와 같은 일반인은 이해할 수 없습니다. 이는 모든 종교가 직면한 공통의 난제입니다. 기독교, 불교, 힌두교, 유대교, 이슬람교를 포함한 모든 종교에서 궁극적인 진리는 근본적으로 믿음에 의해 깨닫게 된다고 가르칩니다.

종교에 대한 믿음

각자의 종교를 진심으로 믿는 것이 수행자들에게 매우 중요하다고 강조하고 싶습니다. '한 종교에 대한 믿음'과 '여러 종교에 대한 믿음'의 차이를 구별하는 일은 매우 중요합니다. 첫 번째 말은 두 번째 말과 직접적으로 모순됩니다. 따라서 우리는 이 모순을 반드시 해결해야 합니다.

맥락 안에서 생각하기

이 문제를 해결하기 위해서는 맥락 안에서 생각하는 수밖에 없습니다. 어떤 맥락에서 하나의 모순은 다른 맥락 안에서의 모순과 동일하지 않을 것입니다. 한 사람의 맥락에서 하나의 진실은 하나의 안식처의 원천과 밀접하게 연결됩니다. 이는 필요불가결합니다. 하지만 사회나 한 사람 이상의 맥락에서는 안식처, 종교, 진실에 대해 다른 안식처의 원천을 가질 필요가 있습니다.

오늘날의 세계

밀접하게 상호 연결된 오늘날의 세계에서 다양한 종교들 간에는 여러 가지 차이점이 존재합니다. 우리는 분명 이 문제를 해결해야만 합니다. 라다크Ladakh(인도 북서부, 북쪽은 카라코름, 남쪽은 히말라야 산맥으로 둘러싸인 지역)는 수백 년 동안 불교 지역으로 유명합니다. 하지만 이슬람, 기독교, 힌두교, 시크교와 같은 다른 종교들 역시 이 지역에서 번성했고, 이 지역은 종교적 배척으로 인한 큰 문제없이 평화롭습니다.

다양한 종교가 있는 사회

다양한 종교가 있는 사회는 예언자와 안식처의 원천들도 많을 것입니다. 이러한 사회에서는 다른 종교와 수행자들이 상호 화합하고 존중하는 일이 매우 중요합니다. 우리는 믿음과 존중을 구별해야만 합니다. 믿음은 각자의 종교에서 가져야 하는 온전한 신앙을 의미합니다. 동시에 여타의 모든 종교를 존중해야만 합니다. 자신의 종교를 믿고 다른 종교를 존중하는 이러한 전통은 라다크에서 늘 존재해 왔습니다. 현재 가장 중요한 건 이러한 전통을 보존하고 발전시키는 일입니다.

조화로운 관계의 필요성

오늘날과 같은 다민족, 다종교, 다문화적 세계에서 조화로운 관계를 수립한다면 분명 좋은 본보기가 될 것입니다. 하지만 모두들 부주의하게 된다면 일촉즉발의 문제가 발생할 위험이 있습니다. 다민족 사회에서 일어날 수 있는 가장 큰 문제는 다수와 소수 간의 갈등입니다.

다수와 소수의 문제

다수는 반드시 소수를 초대받은 손님으로 여겨야 합니다. 반면 소수는 다수에 민감해야 합니다. 달리 표현하면 양측 모두가 조화를 이루며 살아가야 합니다. 이러한 조화를 유지하려면 양측 모두가 상대방의 민감한 문제를 가벼이 대하면 안 됩니다. 실제로 다수는 소수의 소리에 귀를 기울이고 관점과 견해를 존중해야만 합니다. 양측 모두가 상대방의 관점과 견해를 논의하고 그에 대한 자신의 생각을 분명히 표현해야만 합니다. 한편 소수는 다수의 민감한 문제가 무엇인지 유의하고 무엇이든 의

문사항이 있다면 표현해야 합니다. 이렇게 우호적인 방식으로 문제를 해결한다면 양측 모두에게 이로울 것입니다. 서로가 서로를 의심한다면 양쪽 공동체에 해가 될 뿐입니다. 그러므로 조화를 이루며 상대편의 의견이 무엇인지 분석하는 일은 매우 중요합니다. 최선의 방법은 대화, 대화, 대화입니다!

8월 25일, 인도 레Leh(인도 북부 잠무카슈미르 지역의 동쪽에 있는 도시로 인도와 중앙아시아를 잇던 실크로드에 자리하며, 아시아에서 출발하는 상인들의 종착지였다)에서, 종교 자유를 위한 국제협의회가 주최한 상호 신앙 세미나에서 했던 달라이 라마의 연설에서 발췌.

불교의 현대성

석가모니 붓다는 2천여 년 전 인도에서 깨달음을 얻고 가르침을 펼쳤습니다. 그의 가르침은 오늘날에도 우리를 일깨우며 생활에 적용하는 것이 가능합니다. 우리가 누구이든, 어디에 살든, 모든 사람은 행복을 원하고 고통을 싫어합니다. 붓다는 고통을 극복하기 위해서는 최대한 남을 도와야 한다고 말씀하셨습니다. 그는 또한 도와줄 수 없는 경우라면 최소한 남을 해치지 않도록 주의하라고 조언했습니다.

붓다의 수행

붓다의 수행 가운데 일부는 명상을 통한 마음 수련입니다. 마음을 고요히 하고, 사랑, 연민, 관용, 인내의 품성을 계발하는 불교의 수련이 효과적이라면 일상생활에서 그 수행법을 실행해야만 합니다. 자신이 아닌 남의 고통에 더욱더 관심을 기울이는 것은 불교를 포함한 모든 위대한 종교의 정신을 진실로 따르는 것입니다.

불교의 목적

불교의 목적은 인간을 포함한 모든 지각 있는 중생을 돕고 이롭게 하는 것입니다. 따라서 다른 사람들을 불자로 교화하려고 노력하는 것보다는 우리 불자들이 인간 사회에 기여할 수 있는 방법이 무엇인지 생각하는 것이 더 중요합니다. 붓다는 이기심 없이 다른 사람들에게 봉사함으로써 자족과 관용의 예를 보여주셨습니다.

불교의 현대적 타당성

저는 불교의 가르침과 불교의 기술이 현대에도 여전히 적용 가능한지에 대한 질문을 종종 받습니다. 모든 종교와 마찬가지로 불교도 인간의 문제를 다룹니다. 우리가 기본적으로 무상, 집착, 잘못된 관점에서 비롯되는 인간의 고통을 계속 체험하는 한 불교의 실제적 적용에 대해서는 의심의 여지가 없습니다. 비결은 내면의 평화에 있습니다. 내면의 평화를 얻은 사람은 어려움에 처했을 때 고요함과 이성으로 내적 행복을 유지합니다. 사랑, 친절, 비폭력 실천의 가르침과, 특히 만물이 상대적이라는 불교의 원리는 내적 평화의 근원입니다.

과학과 기술

과학과 기술은 측정 가능한 물질적인 안락을 제공할 수 있지만, 우리가 알다시피, 국가의 형성과 함께 세계 문명을 발생시킨 정신적, 인도주의적 가치를 대신할 수는 없습니다. 과학과 기술이 유례없는 물질적인 혜택을 안겨주었다는 사실을 부인할 사람은 없을 것입니다. 하지만 우리 인간의 기본 문제는 그대로 남아 있습니다. 우리는 여전히 동일한 수준의 고통, 공포, 긴장에 시달리고 있습니다. 따라서 한편의 물질적 발전과 다른 한 편의 정신적이고 인간적인 가치의 발전의 균형을 도모하는 것이 이치에 합당합니다. 이러한 균형을 이루기 위해서는, 인도주의적 가치를 부활할 필요가 있습니다.

세계적인 위기

확신하건대 많은 사람들이 현재 도덕적 위기에 처한 세계에 관해서 저의 우려에 동감할 것입니다. 또한 우리 사회를 더욱 따뜻하고 평등하게 만들기 위해, 이에 동감하는 모든 인도주의자와 종교 수행자들이 힘을 모을 것입니다. 불자이자 티베트인으로서 하는 말이 아닙니다. 국제 정치의 전문가로서(어쩔 수 없이 이 일에 관여하고 있지만) 말하는 것도 아닙니다. 단지 대승불교뿐 아니라 세계의 모든 위대한 종교의 기반인 인도주의적 가치의 옹호자로서 말하는 것입니다.

보편적인 인도주의: 네 가지 필수적인 기본요소

보편적인 인도주의에는 4가지 필수 기본요소가 있습니다.

1. 보편적인 인도주의는 지구촌 문제를 해결하는 데 본질적인 것이다.
2. 연민은 세계평화의 기둥이다.
3. 모든 인도주의자가 그렇듯 세계의 모든 종교는 이념을 떠나 세계평화를 위해 존재하는 것이다.
4. 각 개인은 인간의 욕구를 충족하기 위한 제도를 만들 보편적인 책임이 있다.

불교와 민주주의

사람들이 개인으로서 자유로이 함께 살 수 있고, 원칙적으로 평등하며, 따라서 서로에게 책임이 있다는 개념은 근본적으로 불교의 성향과 일치합니다. 불자로서 우리 티베트인들은 사람의 목숨을 가장 귀중한 선물로 공경하며, 붓다의 철학과 가르침을 최고 경지의 자유로 향하는 길로 생각합니다. 이는 남녀 모두 이룰 수 있는 목표입니다.

민주주의와 평등

붓다는 인생의 목적을 행복으로 보았습니다. 그는 또한 무지(무명)가 존재를 끝없는 좌절과 고통에 얽매이게 하지만 그것을 지혜가 해방시킨다는 걸 깨달았습니다. 현대 민주주의는 모든 인간이 기본적으로 평등하며 우리 각자는 생명, 자유, 행복에 동일한 권리를 갖는다는 원리에 토대를 둡니다. 불교 역시 인간은 존엄성을 지니며, 모든 인간이 정치적 자유뿐만 아니라 기본적인 단계인 공포와 결핍으로부터 자유로워질 동등하고 빼앗을 수 없는 권리를 갖는다고 인식합니다. 경제 수준, 교육 수준, 국적, 종교, 이념이 어떻든지 간에 우리는 모두 다른 사람들과 다를 바 없는 하나의 인간입니다. 인간은 행복을 열망하고 고통을 피할 뿐 아니라 각자 이 목표를 추구할 동등한 권리를 지니고 있습니다.

다원론적 접근법

불교의 가르침은 근본적으로 실용적입니다. 인간의 고통이라는 근원적인 문제를 해결하는 데 불교는 하나의 해결책만을 주장하지 않습니다. 인간은 제각기 욕구와 성향, 능력이 다르므로 평화와 행복으로 가는 길이 많음을 인정합니다. 정신적인 공동체로서 불교의 결속력은 단합된 형제애에서 비롯합니다. 뚜렷하게 중앙집권화된 지휘권 없이 불교는 2500년 이상을 지속해왔습니다. 불교는 연구와 수행을 통해 붓다 가르침의 뿌리를 계속 새롭게 하는 가운데 다양한 형태로 꽃을 피웠습니다. 개인 각자에게 책임이 있는 이러한 다원론적 접근법은 민주주의 관점과 상당히 일치합니다.

_{2001년 2월 15일, 바나라스 힌두 대학에서 열린 제1회 불교와 문학에 관한 국제회의에서 한 연설, 1993년 4월 미국의 수도 워싱턴에서 강연한 '세계평화에 관한 인류의 접근법A Human Approach to World Peace'과 '불교와 민주주의Buddhism and Democracy'에서 발췌.}

사성제

붓다가 깨달은 후 처음 설파한 가르침이 사성제(고, 집, 멸, 도)입니다.* 붓다는 인과법의 기본 원리를 토대로 이 내용을 설명했습니다. 이는 윤회Samsara라고 알려진 것으로서 부정적인 행위의 결과로 원치 않는 고통이 발생한다는 원리입니다. 열반(해방)을 일컫는 '해탈Nirvana'은 이 부정적인 윤회의 굴레를 벗어나는 것입니다.

---

* 사성제四聖諦는 '네 가지 성스러운 진리'라는 말로서 1. 인생의 현실은 괴로움으로 충만해 있다[苦聖諦], 2. 괴로움의 원인은 번뇌[集] 때문이다[集聖諦], 3. 번뇌를 없애면 괴로움이 없는 열반의 세계에 이르게 된다[滅聖諦], 4. 열반에 이르기 위해서는 팔정도八正道를 실천해야 한다[道聖諦]의 네 가지 언명言明으로 되어 있다.

두 가지 고귀한 진리

한 사람에게 반복되는 거스를 수 없는 윤회적 삶과 그 힘을 설명하기 위해, 붓다는 첫 번째로 두 가지 고귀한 진리를 말씀하셨습니다. 바로 '고통의 진리'와 '고통의 원인에 대한 진리'입니다.

세 번째 고귀한 진리

다음으로 붓다는 세 번째 고귀한 진리를 말씀하셨습니다. 해탈의 상태는 궁극의 평화 혹은 고통이 멈춘 상태라고 합니다. 이러한 깨달음이 일어나는 원인을 '멈춤으로 가는 도의 진리'라고 합니다.

네 번째 고귀한 진리

네 번째 고귀한 진리는 해탈과 깨달음의 순수한 행복으로 이끄는 내면의 도, 영적인 도입니다. 이는 고통을 멈추는 방법에 대한 고귀한 진리, 즉 팔정도입니다. 팔정도는 다음과 같습니다.

1. 정견正見: 바른 견해
2. 정사正思: 바른 생각

3. 정어正語: 바른 말
4. 정업正業: 바른 행위
5. 정명正命: 바른 삶
6. 정근正勤: 바른 노력
7. 정념正念: 깨어 있는 상태
8. 정정正定: 바른 수행

사성제의 깨달음

붓다는 먼저 사성제를 다음과 같이 깨달으셨습니다.

> 이는 고통의 진리이며,
> 고통의 원천의 진리이며,
> 고통을 멈추는 진리이며,
> 멈춤으로 가는 도의 진리이니라.

사성제를 이해하는 방법

사성제를 깨달은 붓다는 이를 이해하기 위한 실제적인 방법을 알려주셨습니다. 붓다는 고통을 인식해서 그 고통의 원인에서 해방되어야 한다고 가르치셨습니다. 고통이 위험하다는 것을 인지하기 전에는 그 고통을 없애려고 하지 않을 것입니다. 그래서 우리는 먼저 윤회의 삶이 고통이라는 것을 인식해야 합니다.

고통의 원인 초월

고통의 원인인 윤회의 삶을 벗어나야 하며, 윤회를 멈추어야 한다는 깨달음과 함께 우리는 멸도(고통이 멈추는 도)를 따라야 합니다. 고통을 멈추기 위해 이 길에 대해 명상해야만 합니다.

고통의 분석

고통을 분석하면 붓다가 다음과 같이 말씀하셨듯이 명백한 모순에 부딪칩니다.

> 고통을 인식해야 하지만, 인식할 수 있는 고통은 존재하지 않는다.
> 고통의 원인을 없애야 하지만, 없앨 고통이 아무것도 없다.
> 고통의 멈춤을 이루어야 하지만, 이룰 것이 아무것도 없다.
> 고통을 멈추기 위한 길을 명상해야만 하지만, 명상할 것이 아무것도 없다.

모든 것에는 원인이 있습니다

모순은 고통을 바라보고 분석함으로써 발생합니다. 고통은 독립적이거나, 객관적이거나, 그 자체로 온전히 존재하는 것이 아닙니다. 오히려 원치 않는 고통의 경험과 궁극의 행복, 궁극의 평화, 열반의 현상은 인과의 산물입니다. 독립적인 것이란 아무것도 존재하지 않습니다. 모든 것에는 원인이 있습니다.

12연기

붓다는 고통, 고통의 원인, 고통이 원인에서 발생하는 방식을 12연기의 가르침에서 더욱 상세히 설명하셨습니다.

1. 무명: 세상이 무상하다는 것을 모르는 것, 즉 번뇌
2. 정신 구조: 과거에 있어서의 선악업善惡業
3. 의식: '내가 존재한다'는 생각이 나오게 하는 씨와 같은 것
4. 이름과 모양: 의식이 '나' 아닌 것들에 대한 생각을 만들어 내는 것
5. 여섯 가지 감관: 눈, 귀, 코, 혀, 몸, 마음으로 촉감의 세계 혹은 이름과 모양의 세계와 접촉
6. 접촉: 단순한 인식작용을 일으키는 상태
7. 감정: 5세부터 14세까지의 단순한 고락의 감수 작용을 일

으키는 상태
8. 욕망: 재산이나 애욕에 탐착하는 14세 이후
9. 집착: 탐착이 증진되는 상태
10. 존재: 애욕과 탐착의 선과 악의 업이 습관이 되어 미래를 규정하는 상태
11. 태어남: 미래의 과가 발생한 상태
12. 늙고 죽음

무지를 멈춰야 합니다

의존 시초의 영향이라 함은 각 단계가 전 단계에 의존하며 전 단계 없이는 일어날 수 없다는 의미입니다. 노쇠와 죽음을 멈추기 위해서 우리는 실제적으로 문제를 일으키는 원인을 멈추어야만 합니다. 다시 말하면 원하지 않는 단계, 즉 카르마(업)와 착각의 오염된 힘에서 발생한 윤회적 재탄생을 멈춰야 합니다. 그러기 위해서는 무지를 멈춰야 합니다. 첫 단계를 멈춘다면 나머지 11단계는 저절로 멈춥니다.

고통은 어떻게 발생하는가

인도의 스승 무착Asanga은 세 가지 조건을 근거로 고통이 발생

하는 과정을 설명했습니다.

1. 부동성: 첫 번째 조건은 부동성입니다. 부동성은 고통이 창조주와 같은 누군가에 의해서가 아닌 의도에 의해서 생성되며, 자체적인 원인의 결과로 존재한다는 의미입니다.
2. 비영구성: 두 번째 조건은 비영구성입니다. 이는 고통이 자체적인 원인에 의해서 발생하지만, 영구적인 현상은 결과를 만들 수 없으므로 이 원인과 조건은 비영구적일 수밖에 없다는 의미입니다.
3. 구체적인 잠재성: 세 번째 조건은 구체적인 잠재성을 지닌다는 것입니다. 원인과 조건이 영구적이지 않다고 말하는 건 충분치 않습니다. 각 원인과 조건이 개인적인 결과를 생성하는 고유의 잠재성을 보여야 합니다. 어떤 조건은 아무런 결과를 만들지 못합니다. 그리하여 붓다는 그 원인을 무명으로 인식했습니다.

창조주는 우리의 마음

불자들은 창조주를 받아들이지 않습니다. 그들은 자기창조라고 생각하기를 좋아합니다. 궁극적으로 창조주는 우리의 마음입니다. 마음이 깨끗하지 못하면 부정적이고 원하지 않는 결과를 맞게 됩니다. 하지만 마음을 정화하고 깨우치면 모든 부정적인 결과가 멈추고 긍정적인 결과가 뒤따릅니다.

불교는 인간의 종교

불교는 인간의 종교이며 신과는 아무 관련이 없습니다. 불교는 행동의 방식과 마음을 훈련하는 방식을 주로 다룹니다.

모든 신은 한 존재의 구현

그렇다고 불교 신자들이 상위 존재를 받아들이지 않는다는 의미는 아닙니다. 노련하거나 깨달은 상위 존재의 관점에서는 유일신만이 존재하는 것이 아닙니다. 천신deva과 같은 수많은 신들이 있습니다. 우리는 그것들을 받아들입니다. 이러한 모든 신은 한 존재가 구현된 것이며, 어떤 경우에는 우리 마음이 만든 것에 불과합니다.

석가모니 붓다

석가모니 붓다는 연민과 지혜로 가득 찬 가르침의 달인이었습니다. 붓다는 자신의 경험을 바탕으로 마음을 정화하는 방법과 수단을 가르쳐주셨습니다. 석가모니 붓다는 힘겨운 영적 수행을 통해 깨달음에 이르렀습니다.

두 가지 진실

상대적인 단계에서는 하나의 측면이 존재합니다.
궁극적인 단계에서는 또 다른 측면이 존재합니다.

꽃을 상상해보세요

아름다운 꽃 한 송이를 상상해보세요. 이 꽃은 매 순간 변하며 높은 온도에서는 더욱더 변하게 될 것입니다. 우리는 뜨거움이나 차가움 같은 조건이 꽃의 변화에 미치는 영향을 잘 압니다. 누군가는 "이 장미는 아름다워요. 향기도 좋고, 색깔도 예쁘네요." 하고 말합니다. 또 다른 누군가는 "장미가 별로에요. 아름다워 보이지만, 가시투성이잖아요. 만지면 따가워요." 하고 말합니다.

하나의 사물에 대한 다른 시각

이렇듯 우리는 하나의 사물을 다른 각도에서 바라봅니다. 좋거나, 나쁘거나, 좋지도 나쁘지도 않게요. 사물의 본성은 상대적이기 때문에 우리는 여러 방식으로 설명할 수 있습니다.

궁극의 단계

우리는 이 모든 다른 개념을 낳는 이 대상의 기반에는 반드시 무엇인가가 있어야 한다고 생각하게 됩니다. 개별적인 본성의 부재가 이 기반의 역할을 합니다. 탁자 위에 아무것도 없을 때 우리는 많은 물건들을 올려놓지만, 이미 물건들이 그 위에 있다면 더 이상 올려놓을 자리가 없을 것입니다. 궁극적인 본성이 사물들을 받아들이거나 사물들이 각기 다른 기능을 하도록 기반의 역할을 합니다.

모든 관점들을 가능하게 하는 것

하나의 단계에서, 이 모든 다른 관점들이 어떠한 기초들 위에서 작용할 수 있습니다. 우리는 이러한 기초들을 직접 볼 수 없지만, 깊이 생각하면 이 모든 관점들을 가능하게 하는 무엇인가가 있다고 느낄 수 있습니다.

상대적인 것과 궁극적인 것

이러한 두 가지 진리인 상대적인 것과 궁극적인 것은 다른 현상입니다. 이를 이해하는 것이 사성제를 이해하는 데 도움이 됩니다.

고통의 원인에 대한 진리

고통의 원인에 대한 진리는 이른바 두 가지 출처에 근거하여 설명됩니다. 두 가지 출처는 착각과 그 착각에 의해 야기되는 업보 Karmic Actions입니다. 붓다는 착각은 닦이지 않은 부정적인 마음 상태의 산물이지만, 이 닦이지 않은 마음 상태는 원인과 조건에 상당히 좌우된다고 말씀하셨습니다.

원인과 조건

마음의 여러 관점들은 또한 원인과 조건에 따라 달라집니다. 마음은 긍정적이고 부정적인 여러 상태들로 변형시키는 어떠한 본성을 지닙니다. 따라서 원인과 조건의 산물인 이 착각, 즉 예상을 제거하는 것은 가능합니다. 그래서 우리는 고통을 멈출 수 있다고 규명할 수 있습니다. 사성제를 완전히 이해해서 두 가지 진리를 이해하면 고통의 멈춤은 가능합니다. 그리고 사성제를 이해함으로써 삼보를 이해하게 됩니다.

삼보(세 가지의 보배)

세 가지의 보배는 다음과 같습니다.

> 불 The Buddha
>
> 법 The Dharma
>
> 승 The Sangha

가장 순수하며, 모든 부정적 사고를 제거한 상태에 도달한 사람이 붓다입니다. 그리고 정화의 과정에 있는 사람이 승입니다. 마음에 있는 모든 좋은 자질을 법이라고 합니다.

14대 법왕 달라이 라마의 『매일의 명상 익히기 Cultivating a Daily Meditation』에서 발췌.

도의 단계

인간은 누구나 천성적으로 행복을 원하고 고통을 피하고 싶어 합니다. 불교에서는 이 두 가지 욕구를 추구할 타고난 권리가 인간에게 있다고 말합니다. 행복과 고통의 범주는 많고 다양하지만 크게 육체적인 쾌락과 고통, 그리고 정신적인 쾌락과 고통으로 나뉩니다. 두 번째인 마음의 경험이 육체의 경험보다 중요합니다.

자유를 얻는 방법

붓다는 마음의 고통으로부터 해방되어 지복을 성취할 방법이 존재한다고 말씀하셨습니다. 이 방법은 사성제의 세 번째 진리인 고통이 멸하는 진리에서 설명됩니다. 해탈 또는 열반이라고도 불리는 멸滅은 모든 거짓과 착각에서 해방되는 실상實相의 상태를 말합니다.

두 가지 진리

지복을 성취하는 방법을 이해하기 위해서는 반드시 두 가지 진리의 성격을 이해해야 합니다. 궁극적인 진리와 관습적인 진리가 그것입니다. 궁극적인 진리와 관습적인 진리에 대한 저의 설명은 귀류논증중관학파歸謬論證中觀學派(Madhyamika Prasangika)에 근거합니다. 이 학파에서는 현상은 이기심이 없지만 관습적으로 존재한다고 말합니다. 추론에 따르면 궁극적인 진리는 현상의 실체를 탐구하는 분석적인 의식에 의해 발견되는 반면, 관습적인 진리는 동일한 것에 대한 비분석적인 의식에 의해 발견됩니다.

관습적인 진리

관습적인 진리의 관점에서 보면 예를 들어 '책'은 독립적이고 고유한 자기존재를 갖습니다. 책은 우리가 잡을 수 있고, 책장을 넘길 수 있으며, 그 안의 단어를 읽을 수 있는 물체입니다. 우리는 관습적으로 책은 '책'이라고 부르는 본질을 가졌다고 생각합니다. 하지만 이 본질을 더욱 파고 들어가면 '책'은 그저 책의 일부분이 모인 것입니다. 전체의 책은 색깔, 모양 혹은 의미를 전달하거나, 종이 더미 위에 올려놓았을 때 종이가 날아가지 않도록 고정시키는 기능과 같은 형태의 부분들로 구성됩니다. 우리가 책의 본질을 탐구하더라도 그것을 찾지 못합니다.

모든 현상은 진실

모든 현상은 진실입니다. 현상은 존재하지만 관습적인 진실의 단계에서만 그렇습니다. 궁극적인 진실의 단계에서의 현상은 다른 요소들에 의존해서만 오로지 존재할 뿐입니다.

의식의 순간에 의존하는 의식

모든 현상은 '의존적 발생'이라는 조건 안에서 존재합니다. 현상의 본질을 발견하고자 할 때 우리는 '책'과 같은 명칭을 붙이며, 개념적인 사고에 의해 상정되는 이름표만을 발견할 뿐입니다. 뿐만 아니라 이름표가 이전에 그리고 이어지는 의식의 순간에 의존하는 의식, 즉 그 의식의 시작을 어디에서도 찾지 못합니다. 이 말의 의미를 숙고함으로써 우리는 사물은 의존적 발생의 조건 안에서 의존성 안에 존재한다는 걸 깨닫습니다.

두 종류의 이기심

이러한 방식으로 자신을 분석하면 두 종류의 이기심을 발견할 수 있습니다. 현상을 경험하고 인지하는 사람의 이기심과 경험하고 인지하는 현상의 이기심입니다. 즉 사람의 이기심과 현상의 이기심입니다.

자아

불교 경전에 의하면 자아는 온蘊(khandha, 집합, 구성요소) 내에 존재하는 것이지 어떤 별개의 것이 아닙니다.

오온

오온五蘊(panca khandha)은 색色, 수受, 상想, 행行, 식識 다섯 가지입니다. '색'은 물질요소로서의 육체를 가리키며, '수'는 감정, 감각과 같은 고통, 쾌락의 감수感受작용, '상'은 심상心像을 취하는 취상작용으로서 표상, 개념 등의 작용을 의미합니다. '행'은 수·상·식 외의 모든 마음의 작용을 총칭하는 것으로 그중에서도 특히 의지작용·잠재적 형성력을 의미하며, '식'은 인식판단의 작용, 또는 인식주관으로서의 주체적인 마음을 가리킵니다. 오온은 몸과 마음이라는 두 범주로 나뉩니다. 우리는 자연스럽게 우리가 몸을 소유했다고 느낍니다. 우리는 몸이 자아에 속해 있다는 사실을 인정합니다. 같은 방식으로 자연스럽게 '나의 마음'이라고 느끼므로 마음 역시 자아에 속한다고 봅니다. 따라서 우리는 자아를 몸과 마음과 다른 것으로 간주합니다. 분석적으로 탐구하면 자아는 몸 그리고 마음과 별개일 수 없습니다. 한편 자아가 존재하지 않는다면 인간은 존재하지 않습니다. 그러므로 자아가 존재하지만 분석적으로 탐구했을 때 발견할 수 없다는 사실은 자아가 독립적으로 존재할 수 없다는 뜻입니다.

외양과 중도

사물이 독립적으로 존재하는 것처럼 보일지라도 그 외양은 연구를 통해 도달한 결론과 모순됨을 인정해야 합니다. 외양에 대한 믿음 때문에 사물이 독립적으로 존재할 것이라는 생각에 빠지게 됩니다. 그 결과 욕망, 집착과 같은 감정이 생기게 됩니다.

착각 방지의 세 단계

첫째, 육신과 말을 잘못 사용하는 일을 반드시 삼가야 합니다. 둘째, 마음속의 착각을 버리도록 노력해야 합니다. 셋째 단계에서는 착각에 의해 각인된 자국을 지우는 데 힘써야 합니다.

마음의 부정적 상태

모든 마음의 부정적 상태는 스스로 집착하는 마음에서 기인합니다. 즉 왜곡되어 나타나는 잘못된 의식입니다. 진정한 존재에 집착하지 않음으로써 착각의 모든 뿌리를 잘라낼 수 있습니다.

성취된 결과

잘못된 언행을 삼감으로써 높은 경지의 인간으로 다시 태어나게 됩니다. 모든 착각을 걷어내면 열반, 즉 해탈에 이릅니다. 착각으로 생긴 자국을 지우면, 전지소知한 상태에 이릅니다.

세 가지 고등 수련

첫 번째는 자기를 수양하는 훈련으로서 부정적인 언행을 삼가는 수행법입니다. 두 번째 훈련은 선정禪定에 들거나 고요하고 지속적인 명상을 하는 것으로, 잡념이 전혀 없는 해방된 마음의 상태에 도달할 수 있습니다. 선정의 방식은 세 번째 훈련에서 이용됩니다. 공의 본질을 명상하는 세 번째 훈련을 통해서 특별한 통찰력이나 초월적인 지혜를 얻을 수 있습니다. 이 세 가지 고등 수련을 통해 세 종류의 고통에서 해방됩니다.

고통으로부터의 해방

자기 절제를 통해 욕계欲界(삼계三界의 하나로 식욕食慾, 수면욕睡眠慾, 음욕淫慾이 있는 세계)의 상태를 넘어서 색계色界(식욕, 수면욕, 음욕 따위의 탐욕을 여의어 욕계 위에 있으나, 아직 물질을 여의지 못한 세계)에 도달한다면, 고통으로 인한 고통에서 해방됩니다. 다음으로 고요하고 지속적인 명상 수련을 통해 색계를 초월하면 쾌락이 고통으로 변하는 변화의 고통에서 해방됩니다. 그 단계에서는 항상 초월의 상태에 머물게 됩니다. 마지막으로 모든 현상계의 진정한 본성을 이해함으로써 조건부 존재의 고통에서 해방됩니다.

『매일 명상 익히기Cultivating a Daily Meditation』에서 발췌.

내생을 위한 수행

우리가 종교적 수행을 하는 이유는 아무리 물질적으로 발전하더라도 그것만으로는 적절하고 지속적인 즐거움을 얻을 수 없기 때문입니다. 실제로 물질적으로 발달할수록 우리는 계속되는 공포와 불안 속에 살아야만 합니다. 한편 마음과 상관없이 행복을 추구하면 신체적 고통을 더 쉽게 느낀다는 건 익히 알려진 사실입니다. 이것은 종교적 수행을 해서 마음이 변화했는지에 따라 달라집니다. 더구나 인생의 즐거움도 종교적 수행에 달렸습니다.

즐거움과 고통

크건 작건 즐거움과 고통은 표면적, 외적 요인에 의해서만 발생하는 것이 아닙니다. 반드시 내적 원인이 존재합니다. 선한 마음과 악한 마음은 잠재력을 지닙니다. 이러한 힘은 휴면 상태에 있다가 외적 요인을 만나게 되면 활성화됩니다. 그때 즐거움이나 고통의 감정이 생기는 것입니다. 이러한 힘이 없다면 요인이 아무리 많다고 해도 즐거움이나 고통이 생기거나 사라지지 않습니다. 이러한 힘은 과거의 행위에 의해 만들어집니다.

나쁜 행동의 원인

그러므로 이후에 당하는 고통의 형태에 상관없이 우선 우리는 마음을 닦지 않음으로써 나쁜 행동을 하게 됩니다. 그리고 그런 행동이 '축적됩니다.' 그런 행동의 잠재력은 마음속에 자리 잡고 있다가 어떤 요인과 만났을 때 고통을 체험하게 됩니다. 이런 식으로 모든 즐거움과 고통은 기본적으로 마음에서 비롯됩니다. 이러한 이유로 마음은 종교적 수행을 하지 않고는 닦을 수가 없습니다. 그리고 마음을 닦지 않음으로써 나쁜 행동은 '축적되어' 갑니다. 축적된 나쁜 행동은 정신의 연속체 안에서 잠재적으로 남아 고통의 열매를 산출하는 기반이 됩니다.

내생을 위한 수행

이생은 마음의 연속체, 즉 현재의 마음이 부모의 정자와 혈액의 핵심에 '연결'되는 순간에 시작되었습니다. 이런 정신의 독립체는 분명 이전의 연속체를 가져야만 합니다. 그 이유는 외부 현상이 마음이 될 수 없고, 마음이 외부 현상이 될 수 없기 때문입니다. 이러한 연속되는 정신의 독립체가 존재한다면 그것은 필시 새 생명에 연결되기 전의 마음일 것입니다. 그러므로 전생이 존재한다는 추론이 성립되는 것입니다. 마음은 하나의 연속체이므로 오늘날에도 전생을 기억하는 어른과 아이들의 이야기를 들을 수 있습니다. 전생을 기억하는 사람들의 진술에 의하면 기억할 수 있는 전생은 매우 많습니다. 그렇다면 전생과 내생이 정녕 존재하므로 종교 수행만이 연속되는 생에 도움을 줄 수 있다는 사실이 분명해집니다. 종교적 수행이 필요한 이유가 여기에 있습니다.

세계의 종교

하나의 질병에 많은 약이 있듯이 세상에는 모든 지각 있는 중생과 인간, 그리고 그 밖의 존재들의 행복을 위해 많은 종교 체계들이 존재합니다. 이러한 체계들은 각각 다른 수행법과 표현법을 가졌지만 수행자의 몸, 말, 마음을 개선시킨다는 점에서 모두 유사하며, 좋은 목표를 지향합니다. 어떠한 경우에도 종교적 수행은 반드시 자신의 생각으로 수행되어야 합니다.

깨달음을 향하여

어떻게 깨달음을 얻을까요? 자신의 행복만이 아닌 모든 지각 있는 중생의 행복을 생각해야 합니다. 자신과 마찬가지로 모든 지각 있는 중생은 고통에 시달립니다. 지각 있는 중생은 고통을 원하지 않지만 고통에서 벗어나는 방법을 알지 못합니다. 그리고 행복을 원하지만 행복을 이루는 방법을 알지 못합니다. 그들은 스스로 그 방법을 알 수 없기 때문에 우리는 행복의 상태에서 지각 있는 중생을 고통과 그 원인에서 해방시킬 수 있는 능력을 길러야 합니다. 지각 있는 중생의 끝없는 윤회 속에서 야기되는 고통의 원인을 제거하지 않고서는 고통을 멈추고 행복을 이룰 방법이 없습니다.

뉴욕 주 이타카Ithaca에 소재한 스노우 라이언 출판사의 허락을 받아, 『티베트의 불교와 중도의 핵심 The Buddhism of Tibet and the Key to the Middle Way』에서 발췌.

3

세계평화와 녹색환경

나의 지구! 우리가 지켜요

저는 환경을 보존하는 일이 시급하다고 인식합니다. 그리고 그것을 무시하면 세계 전체가 고통받을 것이라고 믿습니다. 우리는 지혜와 이해심을 발휘하여 이러한 생태계 문제를 막아야 합니다.

저는 개인 각자가 환경을 보호하고, 환경보호를 생활화하며, 가정 안에서 환경의식을 고취하는 동시에 공동체로 확대해나갈 책임을 아는 것이 지극히 중요하다고 생각합니다.

보편적 책임 공유

소년 시절 불교를 공부하면서 환경을 보살피는 태도가 중요하다고 배웠습니다. 우리의 비폭력 실천은 인간뿐만 아니라 모든 지각 있는 중생에게도 적용됩니다. 마음이 있는 곳에 고통, 즐거움, 기쁨 같은 감정이 있습니다. 고통을 원하는 지각 있는 중생은 아무도 없습니다. 모두가 행복을 원합니다. 저는 모든 지각 있는 중생이 기본적인 단계에서 이러한 감정을 공유한다고 믿습니다. 나무나 꽃이 마음을 가졌다고 믿지는 않더라도 우리는 그러한 생물들을 존중하는 마음으로 대합니다. 이와 같이 우리는 인간과 자연 모두에 대한 보편적인 책임을 공유합니다.

환생에 대한 믿음

환생을 믿는다는 것은 미래에 관심이 있다는 단적인 예입니다. 우리가 다시 태어난다고 생각하면, 저의 환생이 이 환경에서 다시 산다고 상상하면 이러한 것들을 보존해야 되겠다고 생각하게 됩니다. 아마도 다른 행성에서 환생할 가능성도 없지 않겠지만 환생의 개념은 이 행성과 미래 세계에 대해 직접적인 관심을 갖도록 만듭니다. 서구의 이상은 대개 현재 세대만을 위한 실용적인 측면만을 다룹니다.

환경에 대한 티베트인의 생각

환경에 대한 티베트인의 생각은 전적으로 종교에 바탕을 두고 있습니다. 그 생각은 비단 불교만이 아닌 티베트인의 생활방식에서 비롯된 것입니다. 티베트의 독특한 환경이 큰 영향을 끼쳤습니다. 우리는 작은 섬에서 옹기종기 모여 살지 않습니다. 역사적으로 우리는 넓은 땅에서 인구가 적어서 이웃과 멀리 떨어져 살았습니다. 그래서 티베트인들은 불안감을 거의 느끼지 못했습니다. 우리는 다른 많은 공동체 사람들처럼 압박감을 느끼지 않고 살았습니다. 환경에 대한 관심은 성스러울 필요도 없고 연민이 늘 요구되는 것도 아닙니다. 우리의 집인 이 지구를 적절하게 유지하고 관리해야만 합니다. 이 거대한 집을 공유하는 우리 자신, 아이들, 친구, 그리고 그 밖의 지각 있는 중생을 진실로 걱정한다면 말입니다. 우리가 이 지구를 우리 집, 혹은 '어머니', '대지'라고 생각한다면 자연스럽게 환경에 관심을 가지게 될 것입니다.

인류의 미래

오늘날 우리는 인류의 미래가 많은 부분 이 행성에 달려 있다는 것을 압니다. '어머니 대지'는 어찌됐든 우리의 나쁜 주거 습관을 지금껏 견디어 왔습니다. 하지만 이제 인간의 소비, 공해, 기술로 인해 '대지'가 더 이상 우리의 거주를 말없이 수용하지 않는 단계에 도달했습니다. 여러 가지 방식으로 대지는 우리에게 '나의 아이들이 잘못을 저지르고 있다'고 말하며 우리의 행동을 자제하라고 경고하고 있습니다.

티베트 불교의 사고방식

티베트 불교관은 자족을 지향합니다. 그리고 이는 환경에 대한 우리의 태도와도 연결됩니다. 우리는 무차별적으로 소비하지 않습니다. 소비에 제한을 둡니다. 우리는 단순한 삶과 개인의 책임감을 숭상합니다. 언제나 자신을 환경의 일부로 생각합니다. 우리의 고대 경전에 '그릇과 내용물'이라는 표현이 있습니다. 세상은 그릇, 즉 우리의 집입니다. 우리는 그릇에 담긴 내용물입니다. 이러한 단순한 사실에서 우리는 특별한 관계를 추론합니다. 그릇이 없다면 내용물이 담길 수 없으니까요. 마찬가지로 내용물이 없다면 그릇은 아무것도 담을 수 없으므로 무의미한 것입니다.

불필요한 개발을 막아야 합니다

모든 것에는 제한이 있습니다. 지나치게 소비하거나 돈을 벌기 위해 과도하게 노력하는 것은 좋지 않습니다. 지구의 평화와 생존은 인도주의적 가치에 헌신하지 않는 인간의 행위에 의해 위협받고 있습니다. 자연과 천연자원은 무지, 탐욕, 지구 생물체에 대한 존중의 결여 등으로 파괴되고 있습니다. 이렇게 존중이 결여되면 세계평화가 현실화되지 않고 자연 환경의 파괴가 현재의 속도로 지속되어, 지구의 후손들이 심하게 훼손된 상태로서의 이 행성을 물려받게 될 것입니다. 우리 조상들은 지구를 풍요롭고 관대하다고 생각했고 실제로 그렇습니다. 또한 과거 많은 사람들은 지구의 자원이 바닥나지 않을 것이라고 생각했습니다. 우리는 현재 지구를 보살펴야만 그렇게 된다는 것을 압니다. 무지에서 기인한 과거의 환경 파괴를 용서하기는 어렵지 않습니다. 현재 환경에 대해 너무 자족하면 안 됩니다.

5개항 평화계획

제가 제안한 5개항 평화계획에서 저는 티베트 전역을 평화 보호구역으로 지정할 것을 제안했습니다. 평화는 조화를 의미합니다. 사람 간의 조화, 사람과 동물 간의 조화, 지각 있는 중생과 환경과의 조화입니다.

오늘날의 상황

오늘날 우리는 더욱더 많은 정보를 접하고 있습니다. 우리가 물려받고, 책임을 져야 하며, 다음 세대에게 물려주어야 하는 것을 윤리적으로 재점검하는 일은 매우 중요합니다. 분명히 우리 세대가 중심축이 되어 그 일을 해야만 합니다. 세계적인 소통은 가능합니다. 하지만 평화를 위한 의미 있는 대화보다 대립이 더 빈번히 발생하고 있습니다. 세계 일부 지역에서 발생하는 기아와 생물체들의 멸종을 포함하여 현재 발생하고 있는 많은 비극들로 인해 과학, 기술의 경이로운 업적이 무색해지고 있습니다. 우주 탐사가 이루어지는 동시에 지구의 대양, 바다, 민물 지역은 점점 더 오염되고 있습니다. 많은 서식지, 동물, 식물, 곤충, 심지어 미생물들을 미래 세대가 전혀 볼 수 없을지도 모릅니다. 우리에게는 능력과 책임이 모두 있습니다. 너무 늦기 전에 행동에 나서야 합니다!

1993년 뉴델리에서 열린 불상 봉헌식에서의 강연과 생태적 책임에 대한 국제회의 강연, 「나의 티베트 *My Tibet*」에서 발췌.

인간과 자연의 건강한 공존

불교의 가르침에 의하면 자연 환경과 그 안에 사는 지각 있는 중생은 매우 밀접하게 상호 의존합니다. 제 친구 중에 기본적으로 인간 본성이 다소 폭력적이라고 말하는 사람들도 있지만, 그 말에 저는 동의하지 않습니다. 예를 들어 동물을 살펴보면, 다른 동물의 생명에 생존을 의존하는 호랑이와 사자 같은 동물들은 날카로운 송곳니와 발톱을 타고납니다. 사슴과 같은 평화로운 동물들은 채식을 하며 성격이 온순하고 발톱이 없습니다. 그런 관점에서 보면 우리 인간의 본성은 비폭력적입니다.

인간은 사회적인 동물

인간의 생존에 관한 질문에 답하자면 인간은 사회적인 동물입니다. 생존하기 위해서 우리에게는 동료가 필요합니다. 다른 사람들이 없다면 우리는 그야말로 생존이 불가능할 것입니다. 이는 자연의 법칙입니다. 저는 인간이 기본적으로 온순한 품성을 타고났다고 깊이 믿기 때문에 우리가 다른 사람들과 부드럽고 평화로운 관계를 유지해야 할 뿐 아니라, 자연 환경에 대해서도 동일한 태도를 취하는 것이 매우 중요하다고 생각합니다. 도덕적으로 말해서 우리는 주위의 모든 환경에 관심을 기울여야 합니다.

생존의 문제

게다가 단순히 윤리만이 아닌 생존의 문제라는 또 하나의 관점이 있습니다. 환경은 지금 세대뿐 아니라 미래 세대에게도 매우 중요합니다. 우리가 과도하게 환경을 개발하면 그로 인해 지금 당장 돈을 벌거나 이익을 얻을 수 있겠지만, 장기적으로 우리 자신뿐 아니라 미래 세대가 고통받을 것입니다. 환경이 변하면 기후의 상태도 변합니다. 기후가 급격히 변하면 경제와 그 밖의 많은 것들도 변합니다. 우리의 건강에도 크게 영향을 미칠 것입니다. 그러므로 환경은 도덕적인 문제일 뿐만 아니라 우리 자신들의 생존의 문제이기도 합니다.

자연환경의 보호

따라서 자연환경을 보호하고 보존하기 위해서는 무엇보다도 인간 스스로 내면의 균형을 찾아야 한다고 생각합니다. 인간 공동체에 큰 해를 끼치는 환경 파괴는 환경의 중요성에 대한 무지에서 비롯됩니다. 저는 이 사실을 사람들에게 이해시키는 것이 근본적으로 중요하다고 생각합니다. 환경이 우리의 이익에 직접적인 영향을 끼침을 사람들에게 가르칠 필요가 있습니다.

측은지심의 중요성

저는 늘 측은지심의 중요성에 대해 말합니다. 앞서 언급했듯이 이기적인 관점에서 보더라도 우리에게는 다른 사람들이 필요합니다. 따라서 다른 사람들의 행복에 점점 더 관심을 갖고 고통을 함께 나누며, 그들을 돕는다면, 결국 복이 자신에게 돌아올 것입니다. 자신만을 생각하고 다른 사람들을 망각한다면 결국에는 실패할 것입니다. 이는 자연의 법칙 같은 것입니다.

진정한 친구들

무척 단순한 이치인데 사람들에게 미소 짓지 않고 인상을 쓰면 돌아오는 반응도 비슷합니다. 매우 진심 어리고 개방적인 태도로 다른 사람을 대한다면 그들 역시 비슷하게 행동할 것입니다. 친구를 원하고 적을 원하지 않는 것은 인지상정입니다. 친구를 만드는 적절한 방법은 돈이나 권력이 아닌 따뜻한 마음을 갖는 것입니다. 권력의 친구, 돈의 친구는 다릅니다. 이들은 진정한 친구가 아닙니다. 진정한 친구는 가슴을 나누는 진짜 친구입니다. 항상 하는 말이지만 돈과 권력이 있을 때 기웃거리는 친구들은 진정한 친구가 아니라 돈과 권력의 친구입니다. 그들은 돈과 권력이 사라지자마자 사라질 준비를 합니다. 믿을 만한 친구들이 아닌 것입니다. 진실하고 인간적인 친구는 여러분이 잘 되건 못 되건 간에 옆을 지키며 슬픔과 짐을 항상 함께 나눕니다. 이러한 친구를 얻는 방법은 화를 내거나 좋은 교육을 받고 지성을 갖추는 것이 아니라 따뜻한 마음을 가지는 것입니다.

현명한 이기심

이기적이 되어야만 한다면 편협하게 이기적이 되지 말고 현명하게 이기적이 되도록 더욱더 깊이 생각해보십시오. 핵심은 보편적인 책임감입니다. 이는 진정한 힘과 행복의 원천입니다. 우리 세대가 다음 세대나 미래를 생각하지 않고 나무, 물, 광물 등 모든 자원을 맘껏 소비한다면 잘못을 저지르는 것입니다. 그렇지 않습니까? 하지만 우리가 주된 동기로서 보편적인 책임감을 진심으로 갖는다면 국내외에서 만족스런 이웃관계를 얻게 될 것입니다.

의식이란 무엇인가?

또 하나의 중요한 질문은 의식이 무엇이고, 마음이 무엇인가 하는 문제입니다. 서구 세계는 지난 100~200년 동안 물질을 주로 다루는 과학과 기술에 크게 치중했습니다. 오늘날 일부 핵물리학자와 신경학자들의 말에 의하면, 분자를 세밀하게 관찰하면, 관찰자가 어떤 종류의 영향을 미친다는 걸 알 수 있다고 합니다. 이 관찰자는 누구일까요? 답은 간단합니다. 인간, 즉 과학자입니다. 과학자가 어떻게 알까요? 뇌로 압니다. 자, 이를 마음이라 부르든 뇌라 부르든 혹은 의식이라 부르든 뇌와 마음, 마음과 물질은 상호 관련성을 가집니다. 이 사실이 중요하다고 저는 생각합니다. 이 관련성을 토대로 동양 철학과 서구의 과학이 일종의 대화를 하는 것이 가능하다고 생각합니다.

정신적 평화의 필요성

요즘 사람들은 내면 세계를 등한시하는 반면 외부 세계에는 지나치게 집중합니다. 우리의 생존과 전반적인 복지와 번영을 위해 과학과 물질을 발전시켜야 하는 건 분명합니다. 하지만 정신적 평화도 그만큼 필요합니다. 정신적 평화를 주사 놓을 수 있는 의사는 어디에도 없습니다.

그것을 파는 상점도 없습니다. 수십 억을 들고 슈퍼마켓에 간다면 무엇이든 살 수 있을 겁니다. 하지만 그곳에서 마음의 평화를 달라고 하면 웃음거리가 되겠죠. 그리고 의사에게 마음을 진정시키는 약이나 주사가 아니라 진짜 마음의 평화를 달라고 하면 의사는 아무런 도움을 줄 수가 없습니다. 오늘날 고도로 발달한 컴퓨터라 할지라도 우리에게 정신적 평화를 제공할 수는 없습니다.

마음에서 비롯된 정신적 평화

누구나 행복과 즐거움을 원합니다. 하지만 육체적인 즐거움, 정신적인 즐거움을 동반한 육체적인 고통, 정신적인 고통을 비교하면 마음이 더욱 유효하고, 지배적이며, 우위에 있다는 걸 알게 됩니다. 따라서 정신적 평화를 증진시키는 방법을 모색할 가치가 있습니다. 그러기 위해서는 마음에 대해 더 많이 아는 것이 중요합니다. 보통 환경보존에 관해 말할 때 다른 많은 내용들이 관련됩니다. 가장 중요한 핵심은 사랑, 연민, 분명한 인식에 기초한, 진심 어린 보편적 책임감을 가지는 것입니다.

캘리포니아 주 버클리에 소재한 캘리포니아 대학 출판부의 허가를 얻어 『나의 티베트 *My Tibet*』에서 발췌.

아름다운 산행

천여 년 동안 우리 티베트인들은 높은 고원지대에 살면서 섬세한 삶의 균형을 유지하기 위해 정신적, 환경적 가치를 고수했습니다. 비폭력과 연민의 사상을 설파한 붓다와 우리를 지켜주는 산의 영향으로 우리 국민들은 모든 형태의 생명을 존중해왔습니다. 이웃 나라들은 그렇지 않았지만 말입니다.

신들이 사는 곳

티베트에는 산을 신들이 사는 곳으로 여기는 사람들이 많습니다. 예를 들면 제 고향 암도Amdo에서는 티베트의 동북 쪽에 위치한 암니 마친Amnye Machen 산을 가장 중요한 신 가운데 하나인 마친 폼라Machen Pomra의 집이라고 생각합니다. 암도의 모든 주민은 마친 폼라를 특별한 친구라고 여기기 때문에 많은 사람들이 산기슭을 돌며 순례를 합니다.

티베트인들은 대개 사방에 보이는 산봉우리를 오르는 데는 거의 관심이 없는데 이는 산에 거주하는 신에 대한 경의의 표현일 것입니다. 하지만 저는 더 실용적인 이유가 있다고 생각합니다. 대부분의 티베트인들은 높이 올라가려면 넘어야 할 산길이 너무도 많기 때문에 아예 엄두를 내지 못합니다. 라사 사람들이 여가 생활로 가끔 산을 오를 때는 적당한 크기의 산을 선택하며, 정상에 올라가서는 향을 피우고 기도하면서 피크닉의 여유를 즐깁니다.

티베트 여행자들

티베트를 여행하는 사람들은 전통적으로 산꼭대기나 산길에 있는 돌무더기에 돌을 얹고 "라-걀-이오, 신들에게 승리를 Lha-gyal-lo victory to the gods"이라고 외칩니다. 다음에는 기도문과 경전 구절이 새겨진 돌, 즉 '마니 돌Mani Stones'과 기원 깃발을 돌무더기에 얹습니다. 환경을 생각하는 이런 전통 의식을 접하다 보면 실제 생활에서도 환경보호에 깊은 관심을 갖게 됩니다.

명상의 장소

실제로 높은 산속에는 은둔자, 야생 동물, 그리고 여름철에 유목민과 그들이 이끄는 가축 무리들밖에 살지 않습니다. 하지만 단순함과 고요함을 지닌 티베트 산의 영향으로 우리는 세계 대부분의 도시인들보다 평화로운 마음을 지닙니다. 불교에서는 현상을 그 존재 자체로 공empty으로 보기 때문에, 산꼭대기에 올라 광활하고 텅 빈 공간을 바라보는 것은 명상하는 사람에게 도움이 됩니다.

천연 약제 보유

유목민들이 티베트 경제에 매우 중요한 동물들을 위해 풍부한 목초지를 찾는 동안 천연 보물을 파는 약방에서는 의사들이 많은 귀한 약초와 식물을 찾아내 약으로 조제했습니다. 하지만 아시아의 많은 큰 강들의 원천이 되는 설원 지역의 산은 더 넓은 지역에 영향을 미칩니다. 인도의 아대륙과 중국에서 일어나는 대홍수는 부분적으로 중국이 티베트를 무력 침공한 이후 자행된 대규모 벌채와 환경 파괴 때문에 일어났습니다.

마음에서 우러나오는 결정

오늘날 우리가 야생동물, 숲, 대양, 강, 산을 막론하고 환경보존에 대한 행동을 결정할 때 궁극적으로 반드시 마음에서 우러나오는 결정을 해야 합니다. 따라서 우리의 집인 이 아름다운 푸른 행성뿐 아니라 우리와 함께 사는 무수한 지각 있는 중생을 향해 우리 모두 진심 어린 보편적인 책임감을 키우는 일이 핵심입니다.

1992년 7월 16일 『뉴스위크Newsweek』지에 실린 14대 달라이 라마의 글 「산에 대한 수필An Essay on Mountains」 중에서 발췌.

휴식을 주는 나무

과거에는 티베트인들이 공해에 시달리는 일 없이 자연스런 환경에서 행복한 생활을 영위했습니다. 오늘날은 티베트를 포함한 세계의 모든 지역에서 생태계 파괴가 빠른 속도로 진행되고 있습니다. 우리 모두가 공동의 책임감을 가지고 힘을 모으지 않는다면, 민감한 생태계가 갈수록 파괴되어 지구가 회복될 수 없고 돌이킬 수 없이 망가질 것이 분명합니다.

다음의 시는 저의 깊은 우려와 함께 관련 인사 모두에게 환경을 보존하고 파괴를 복구하는 지속적인 노력을 촉구하기 위해 쓴 것입니다.

오 타타가타Tathagata 여래시여,
이크스바커스Iksvakus 나무에서 태어난
비할 데 없는 존재이시여!
모든 자연 속에서
환경과 지각 있는 중생이,
윤회와 열반이,
움직이는 존재와 움직이지 않는 존재가
서로 의존한다는 걸 보시고
연민으로 세상을 가르치시고
당신의 자비를 우리에게 베푸십니다.

오 모든 붓다들의 연민을
몸으로 구현해 보여주시는
관세음보살님이라 불리는 구세주여,
간청드리옵니다.
우리의 정신이 무르익어
착각을 모두 걷어내고
실상을 볼 수 있게 해주소서.
시작 없는 시간 이래
우리의 마음에 뿌리 깊은
고집 센 자기본위가

모든 지각 있는 중생의 공동 업이 만든 환경을
오염시키고 더럽힙니다.

호수와 연못은
맑음과 시원함을 잃었고
대기는 탁해졌으며
자연이 만든 천상의 덮개는
불타는 하늘에서 산산이 부서졌고
지각 있는 중생은
이름 모를 병에 시달립니다.

장대하게 빛나는 영원한 설산은
녹아내려 물이 되고
장엄한 대양은 영원한 균형감을 잃고
섬들을 집어 삼킵니다.

불과 물, 바람의 위험은 끝이 없고
내리쬐는 열기가
우거진 숲을 시들게 하며
전에 없던 폭풍이
우리 삶의 터전을 가차 없이 후려치고

비바람은 바다의 소금을 쓸어갑니다.

재물의 부족함은 없을지라도
사람들은 깨끗한 공기를 마실 수 없고
비와 시냇물은
깨끗하게 청소하지 못해
쓸모없는 액체로 남습니다.

인간과 물과 땅에 사는 무수한 존재들은
나쁜 병이 주는
육신의 고통의 굴레 속에서 휘청거리고
그들의 마음은
나태와 인사불성, 무지로 둔해집니다.
몸과 정신의 기쁨은 점점 더 멀어집니다.

우리는 쓸데없이
어머니 대지의
아리따운 가슴을 더럽히고
눈앞의 탐욕을 채우기 위해
나무를 함부로 자르며
비옥한 땅을

불모의 사막으로 만들어버립니다.

경전에 쓰인
외부 환경과 사람 본성의
상호의존적인 특성은
의학과 천문학에 나타나고
우리의 현재 경험에 의해
진실로 입증되었습니다.

지구는 생물들의 집으로
움직이는 존재와 움직이지 않는 존재에게
차등 없이 공평하다고
붓다는 위대한 지구의 목격자로서
진실한 목소리로 말했습니다.

고귀한 사람은
어머니의 친절을 알고
보답하려고 합니다.
그러므로 우리 모두의 어머니이며
평등하게 보살피는 지구는
애정과 관심을 받아야 합니다.

낭비하지 말고
네 원소로 이뤄진
깨끗하고 맑은 자연을
오염시키지 마세요.
사람들의 건강을 파괴하니까요.
만물에게 유익한 행동으로 나아가세요.

나무 아래서 위대한 붓다가 탄생하시고
나무 아래서 수난을 극복하시고
깨달음을 얻었습니다.
두 나무 아래서 열반에 드신 붓다는
진실로 나무를 공경했습니다.

여기를 보세요,
문수보살의 감화력과
라마 총 카파Tson Khapa*의 육신은
수십 만 붓다의 형상을 꽃피우는
백단향으로 뚜렷합니다.

---

* 티베트 라마교의 일파인 황모파의 개조.

초월적인 신들과
걸출한 지역신과 영들이
나무를 집 삼아 산다는 걸
모르십니까?

울창한 나무는 바람을 씻어
우리로 하여금 끝없는 생명의 공기를 들이마시게 합니다.
나무는 눈을 즐겁게 하고 마음을 어루만집니다.
나무가 만든 그늘은 좋은 휴식처를 제공합니다.

율장에서 붓다는 승려들에게
친절한 나무를 잘 보살피라고 가르치셨습니다.
여기에서 우리는
나무를 심고 가꾸는 미덕을 배웁니다.
붓다는 승려들에게
살아 있는 식물을 자르거나
다른 사람들에게 자르도록 시키는 것과
씨앗을 망가뜨리거나 파릇한 잔디를 더럽히는 것을 금했습니다.
우리의 환경을 사랑하고 보호하라는 말씀이 아닙니까?

하늘의 왕국에서는 이렇게 말합니다.
나무는 붓다의 은덕을 발산하고
덧없이
불교의 기본 교리를 메아리친다고.

나무는 비를 내리고
토양의 정수를 품습니다.
소원을 이뤄주는 칼파-타루 나무는
진정 무슨 일이든 돕기 위해
이 땅에 삽니다.

옛날에는 우리 조상들이
나무의 열매를 먹고
그 잎을 옷으로 입었으며
나무를 태워 불을 지폈고
위험이 닥쳤을 때
잎 사이로 피신했습니다.

오늘날과 같은
과학과 기술의 시대에도
나무는 우리에게

피신처를 제공합니다.
가슴이 불길에 휩싸일 때에
우리가 앉을 의자와 누울 침대가 되어 줍니다.
논쟁으로 분노가 끓어오를 때에
나무는 반갑게도 마음을 식혀줍니다.

나무 안에서 지구의 모든 생명이 아우성칩니다.
나무가 사라지면
잠부나무라고 불리던 땅이
황량하고 삭막한 사막이 되어버립니다.

생명만큼 소중한 건 없습니다.
그리하여 율장의 법에서 붓다는
생물을 물처럼 사용하는 걸
금했습니다.

머나먼 히말라야
오래전 티베트 땅에서는
사냥과 낚시를 금했으며
지정된 기간에는 집짓기도 금했습니다.
이런 전통은 고귀합니다.

약하고 힘없는 미물 중생을
보호하고 아끼는 마음이니까요.

재미로 사냥과 낚시를 하는 것처럼
세심함과 주저함 없이
다른 생물들의 목숨으로 놀이를 하는 건
부주의하고 불필요한 폭력 행위이며
모든 생명체의 존엄한 권리를
위반하는 것입니다.

움직이거나 움직이지 않는 모든 생물이
서로 의존한다는 사실에
주의를 기울여
자연의 기운을 보존하고 보호하려는 노력을
게을리해서는 안 됩니다.

특정한 날, 달, 해에
나무를 심는 의식을 보아야 합니다.
그럼으로써 우리는 책임을 이행하고
동료들에게 봉사합니다.
이것은 우리에게 행복을 가져다줄 뿐만 아니라

만물에게 이롭습니다.

옳은 것을 볼 줄 알고
나쁜 습관과 사악한 행동을 절제할
힘을 주소서.
세상이 나날이 발전하고 번영하여
생물들이 활기를 얻고 꽃피우기를 기원합니다.
숲의 기쁨과 청정한 행복이 나날이 늘어나고 확대되어
만물을 감싸기를 기원하나이다.

이 시는 인도 국민들에게 불상을 봉헌하는 기념식을 위해 달라이 라마가 지은 것으로, 1993년 10월 2일 뉴델리에서 '생태학적인 책임 그리고 불교와의 대화에 관한 국제회의' 개회식에서 낭송되었다.

녹색 환경

과거에는 사람들에게 가장 필요한 것이 농작물을 경작할 수 있는 땅이었습니다. 사람은 생태계에 대해 생각할 필요가 없었습니다. 하지만 현재는 인구가 과도하게 늘어나고 대기층에 생겨난 다양한 화학물질로 인해 강우량이 불규칙해지며 지구 온난화가 진행되고 있습니다. 지구 온난화로 인해 영원한 설산이 녹아내리는 현상을 포함하여 기후에 변화가 일어나고 있습니다. 따라서 사람뿐만 아니라 다른 생물 종들에게도 해악을 끼치고 있습니다.

기후의 변화

세계는 이러한 위험한 상황을 매우 심각하게 받아들이고 있습니다. 과거에는 티베트의 영원한 설산의 눈 두께가 매우 두꺼웠습니다. 노인들은 자신들이 어렸을 적에는 설산을 뒤덮은 눈이 두꺼웠는데, 점점 얇아지는 걸 보니 세상에 종말이 오는 것이 아니냐고 말합니다. 기후의 변화는 수천 년이 지나야 그 영향을 인식할 수 있을 만큼 느리게 진행됩니다. 이 행성에 사는 생물과 식물도 기후의 변화에 따라서 변화를 경험하게 됩니다. 사람의 신체 구조도 세대와 세대를 거쳐 기후의 변화에 따라서 변화합니다.

인구 증가에 따른 환경오염

인구 증가로 인해 사람들은 많은 나무들을 베고 농경지 확보를 위해 땅을 개간합니다. 티베트의 경우에도 중국이 남자의 수염을 밀어내듯이 오래된 나무들을 베어냈습니다. 이런 행위는 나무를 베는 것을 넘어서 티베트의 자원을 해치는 일입니다. 이와 유사하게 아프리카를 포함한 세계 많은 지역의 삼림들이 점점 줄어들면서 이미 진행되고 있는 지구의 기후 변화에 악영향을 끼치고 있습니다. 따라서 인류뿐 아니라 모든 생물의 생존이 불안해지고 있습니다.

화학물질의 배출

마찬가지로 산업 국가들의 화학물질 배출로 인한 대기권 오염은 매우 위험한 신호입니다. 우리 티베트인들에게는 대기 오염이 생소하지만, 세계는 이 문제에 큰 관심을 기울이고 있습니다. 모든 지각 있는 중생의 안녕에 대해 말하고 논의에 기여하는 것은 우리의 책임입니다.

저도 책임이 있습니다

저 역시 이 문제에 책임이 있기 때문에 환경보호를 위해 노력합니다. 그리고 인류의 현재, 미래의 세대가 휴식을 주는 나무의 그늘과 열매를 이용할 수 있도록 노벨 평화상금의 일부를 떼어 과실나무의 씨를 사서 각지의 대표자들에게 이제 나누어 줄 겁니다. 이번 칼라차크라Kalachakra 법회에 세계의 모든 대륙의 대표자들이 참가했습니다.

씨앗 선물

정화와 기도를 위해 이 씨를 칼라차크라 만다라 근처에 놓아두었습니다. 이 씨앗들은 살구씨, 호두씨, 파파야씨, 구아바씨 등을 포함해 재배가 가능한 지리적 조건들이 각각 다르므로 씨를 뿌리고 키우는 방법에 관해 각 지역의 전문가들에게 조언을 구해야만 합니다. 그래야 저의 진실한 염원이 이뤄지는 걸 여러분 모두가 볼 수 있을 테니까요.

법왕이 사르나트에서 열린 칼라차크라 기간 동안 나무심기를 통한 환경보호를 장려하기 위해 과실나무 씨앗을 제공하면서 한 연설에서 발췌.

폭력의 원천, 전쟁

인류 공동체에서 전쟁은 불과 같고, 그 불의 연료는 생명체입니다. 이 비유가 특히 적절하고 유용하다고 생각합니다. 현대의 전쟁은 기본적으로 여러 가지 불의 형태를 이용합니다. 우리는 첨단 기술의 상징인 이런저런 놀라운 무기에 대해 신이 나서 떠들어대지만 실제로 그 무기가 사용될 경우 생존하는 사람들이 잿더미가 되어버린다는 생각을 하지 못합니다. 전쟁이 확대되는 방식도 불과 흡사합니다. 한 지역의 힘이 약해지면 지휘관이 병력을 보강합니다. 전쟁은 살아 있는 사람을 불속에 던지는 행위입니다.

폭력의 원천

전쟁과 대규모 군사체제는 세계에서 발생하는 폭력의 가장 큰 원천입니다. 그 목적이 방어에 있든 살상에 있든 이러한 대규모 군사 조직은 인간을 살상하기 위해 오로지 존재합니다. 우리는 전쟁의 현실에 대해 곰곰이 생각해보아야 합니다. 우리 대부분은 전쟁을 흥분되고 매력적인 것이라고 생각하게 되었습니다. 남자가 자신의 능력과 용기를 입증할 수 있는 기회로서 말입니다. 군대는 합법적이기 때문에 우리는 전쟁을 인정할 수 있다고 생각합니다. 일반적으로 전쟁을 범죄라고 생각하거나 전쟁을 인정하는 것이 범죄자의 태도라고 생각하는 사람은 없습니다. 실제로 우리는 세뇌당해 왔습니다. 전쟁은 멋지지도 매력적이지도 않습니다. 전쟁은 끔찍합니다. 전쟁은 본질적으로 비극이며 고통입니다.

우리는 세뇌당해 왔습니다

하지만 그동안 우리가 이런 식으로 세뇌당해 왔기 때문에 병사 개인의 고통을 염두에 두지 않습니다. 어떠한 병사도 부상당하거나 전사하기를 바라지 않습니다. 그의 가족 누구도 그에게 피해가 가기를 바라는 사람은 없습니다. 한 명의 병사가 전사하거나 평생 불구가 되면 가족, 친척, 친구들이 적어도 다섯에서 열 명이 고통을 당하게 됩니다. 우리 모두가 이러한 비극의 크기에 대해 몸서리쳐야 하지만 통 갈피를 잡지 못합니다.

군복의 매력

솔직히 말하자면 어릴 적 저 역시 군대에 매력을 느꼈습니다. 군복이 너무 깔끔하고 멋져 보였거든요. 유혹은 꼭 그런 방식으로 시작됩니다. 아이들은 언젠가는 문제를 일으킬 수 있는 놀이를 시작합니다. 인간을 죽이는 행위를 흉내 내지 않더라도 재미있는 놀이와 옷이 얼마든지 있습니다. 다시 말하지만, 성인으로서 전쟁에 그토록 마음을 빼앗기지 않는다면 우리 아이들이 습관적으로 전쟁놀이를 즐기는 상황이 더없는 불행이라는 점을 분명히 알게 될 것입니다. 과거 전쟁에 참여했던 병사들 가운데 처음 사람에게 총을 쏠 때는 마음이 편치 않지만 사람을 계속 죽이다 보면 어느새 아무렇지도 않게 느껴진다고 말하는 이들을 만난 적이 있습니다. 시간이 흐르면 어느 것에도 익숙해지기 마련입니다.

군대 설립의 파괴성

군대 설립이 파괴적인 것은 비단 전시 동안만이 아닙니다. 군대는 의도적으로 만들어진 최대 단일 인권 침해 집단입니다. 그리고 군대 설립으로 인해 가장 지속적으로 고통받는 대상은 군인 자신들입니다. 상사가 군대의 중요성과 규율, 적을 정복할 필요성에 대해 그럴듯하게 설명한 후에 수많은 군인들의 권리는 거의 모두 박탈됩니다. 군인들은 어쩔 수 없이 개인의 의지를 몰수당하고 결국에는 목숨을 희생해야만 합니다. 더구나 군대가 강력해지면 자국의 행복을 파괴할 위험이 매우 커집니다.

독재 정부의 위험

어느 사회든지 파괴적 의도를 가진 사람들이 있으며, 체제를 장악해 욕망을 충족시키려는 그들의 시도에 대응하기 어려울 수 있습니다. 하지만 현재 자기 나라를 짓누르고 국제적인 문제를 야기하는 많은 살인 독재자들이 아무리 악의적이라고 해도 그들이 사회로부터 수용되고 용인된 군대 조직을 가지지 못한다면, 분명 남을 해치거나 수많은 사람들을 파괴할 수 없을 것입니다. 강력한 군대가 존재하는 한 독재 정부의 위험은 늘 존재합니다. 독재 정부가 야비하고 파괴적인 정부 형태라고 진정으로 믿는다면 강력한 군대의 설립이 주된 원인들 가운데 하나라는 점을 인식해야 합니다.

군국주의의 비용

군국주의는 비용이 매우 많이 듭니다. 군사력을 통해 평화를 추구하면 사회가 불필요하고 어마어마한 짐을 떠맡게 됩니다. 정부는 실제로 아무도 사용하기를 원하지 않는 최첨단 무기를 거액을 주고 사들입니다. 돈뿐만 아니라 귀중한 에너지와 인간의 지식이 낭비되는 한편 공포만 점점 커집니다.

가식적인 평화

하지만 분명히 하고 싶은 점이 있습니다. 저는 전쟁을 반대하지만 양보를 옹호하지는 않습니다. 부당한 공격에 맞서 강력히 반대할 필요성이 종종 있습니다. 예를 들면 2차 세계대전이 완전히 정당화된 것은 명백해 보입니다.

윈스턴 처칠이 적절히 표현했듯이 2차 세계대전은 전 세계를 나치의 폭정으로부터 구했습니다. 한국전쟁도 마찬가지입니다. 남한이 점진적으로 민주주의를 발전시킬 계기를 만들어 주었으니까요. 하지만 우리는 일이 벌어진 후에야 갈등이 도덕적으로 정당화될 수 있는지 없는지 판단할 수 있을 뿐입니다. 예를 들어 냉전기 동안의 핵무기 억제 원칙이 어떤 가치를 지녔다는 점을 오늘날에서야 알 수 있습니다. 그럼에도 불구하고 그러한 모든 문제를 정확하게 평가하는 건 매우 어렵습니다. 전쟁은 폭력이며 폭력은 예측 불가능합니다. 따라서 가능하면 갈등을 피하는 편이 좋습니다. 그리고 어떤 전쟁의 결과가 이로울지 아닐지 절대 미리 짐작해서는 안 됩니다. 예를 들어 냉전의 경우 무기 억제가 안정을 도모하는 데 기여했지만 진정한 평화를 가져다주지는 못했습니다. 유럽은 40년 동안 전쟁이 없었지만 진정한 평화가 아닌 가식적인 평화였습니다. 평화를 유지하기 위해 군사력을 증강하는 건 기껏해야 임시변통일 뿐입니다. 적대 국가들이 서로를 믿지 않는 한 힘의 균형을 깨는 요인은 얼마든지 있습니다. 지속적인 평화는 오직 진정한 신뢰를 기반으로 보장될 수 있습니다.

14대 법왕 달라이 라마의 공식 웹사이트에 게재된 「전쟁의 현실The reality of war」에서 발췌.

노벨 평화상 강연

오늘 여러분들을 만나게 되어 기쁘고 영광입니다. 세계 각지에서 오신 여러 친구들을 보게 되어 행복하고, 후에 다시 만나 뵙기를 바랍니다. 세계 각 지역에서 사람들을 만날 때마다 저는 항상 우리 모두 똑같다는 사실을 상기합니다. 모두 같은 사람이니까요. 아마 입은 옷, 피부색, 언어가 다를지는 모릅니다만 그건 겉모습일 뿐입니다. 기본적으로 우리는 같은 인간입니다. 그것이 우리를 한데 묶어줍니다. 그로 인해 우리는 서로를 이해하고, 우정과 친밀감을 쌓을 수 있습니다. 오늘 무슨 이야기를 할지 곰곰이 생각하다가 인류의 구성원으로서 우리 모두가 처한 공통된 문제에 관한 저의 생각을 나누기로 했습니다.

사이좋게 살기

우리 모두가 작은 행성인 이 지구를 공유하므로 사이좋게 사는 법을 배워야 합니다. 이건 꿈이 아니라 꼭 필요한 일입니다. 우리는 많은 면에서 상호 의존하기 때문에 더 이상 고립된 공동체 안에 살면서 공동체 밖에서 일어나는 일을 무시할 수 없습니다. 그리고 우리가 누리는 복을 나누어야 합니다. 저는 한 인간, 일개 불교 수행승으로서 여러분께 말합니다. 제 말이 유용하다고 생각되면 부디 실천에 옮기시기 바랍니다.

티베트 국민들의 역경

저는 오늘 티베트인들의 역경과 염원에 대한 이야기를 할까 합니다. 노벨상은 지난 40년간 외세의 지배를 받으면서도 용기와 굳은 결의를 잃지 않은 티베트인들이 받아야 할 상입니다. 자유로운 대변인으로서 억류된 조국의 동포들을 대신해 발언하는 것이 저의 의무라고 느낍니다. 저는 우리 국민들에게 막대한 고통을 주고 우리 땅과 집과 문화를 파괴한 사람들에게 화내거나 미워하는 감정이 없습니다. 그들 또한 행복을 찾기 위해 애쓰는 인간이며 우리가 느끼는 연민의 대상입니다.

티베트의 상황

저는 오늘 여러분께 오늘날 제 조국의 안타까운 상황과 우리 국민들의 염원을 알려드리고자 합니다. 자유를 위한 투쟁에서 우리가 가진 유일한 무기는 진실이기 때문입니다.

우리 모두가 같은 인간입니다

우리가 기본적으로 행복을 추구하고 고통을 피하고 싶어 하는 같은 인간이라는 깨달음은 동포애를 키우는 데 많은 도움이 됩니다. 동포애란 타인에 대한 따뜻한 사랑과 연민입니다. 이는 점점 좁아지는 이 세상에서 생존하기 위해 반드시 필요한 것입니다. 이기적으로 자신에게 이익이 되는 것만을 추구하고 타인의 욕구를 고려하지 않는다면 결과적으로 타인뿐 아니라 우리 자신에게도 해를 가하게 됩니다. 이러한 사실은 금세기 동안 매우 분명해졌습니다. 예를 들어 오늘날 핵전쟁을 하게 되면 자살의 형태가 될 것입니다. 다른 예로 단기간의 이득을 취하기 위해 공기와 바다를 오염시키는 것은 생존의 토대를 파괴하는 행위입니다. 그러므로 서로에게 의지하는 존재로서 제가 말하는 보편적 책임감을 키우는 일 외에는 다른 대안이 없습니다.

인류는 한 가족

오늘날 우리는 진정한 세계의 가족입니다. 세계의 한편에서 일어나는 일이 우리 모두에게 영향을 줄 수 있습니다. 이는 물론 부정적인 사건만이 아니라 긍정적인 발전에 대해서도 동일하게 적용됩니다. 우리는 놀라운 현대 통신기술 덕분에 다른 지역에서 무슨 일이 벌어지는지 훤히 압니다. 뿐만 아니라 머나먼 곳에서 일어나는 일로 인해 직접적인 영향을 받기도 합니다. 동부 아프리카에서 어린 아이들이 기아에 허덕일 때 우리는 슬픔을 느낍니다. 이와 유사하게 베를린 장벽을 사이에 두고 수십 년 동안 떨어져 지내던 가족이 다시 합쳐졌을 때 우리는 기쁨을 느낍니다. 수백 킬로미터 떨어진 다른 나라에서 핵사고가 발생하면 농작물과 가축이 오염되고 우리의 건강과 살림이 위협받습니다. 다른 대륙에서 전쟁 중인 나라들 사이에 평화가 찾아오면 우리의 안전이 증진됩니다.

모든 문제는 상호 연결됩니다

그러나 전쟁과 평화, 자연의 파괴와 보호, 인권과 민주적 자유의 침해와 증진, 가난과 물질적 풍요, 도덕적이고 정신적인 가치의 부재와 그 가치의 존재와 개발, 인간 이해력의 약화와 향상 등은 동떨어진 현상이 아니어서 각각 독립적으로 분석되거나 파악될 수 없습니다. 사실 이것들은 모든 단계에서 상호 연관되며, 우리는 그러한 이해를 바탕으로 이 문제들에 접근해야만 합니다. 평화가 단순히 전쟁이 없는 상태를 뜻한다면 배고픔과 추위에 죽어가는 사람들에게는 거의 가치가 없습니다. 평화가 양심수에게 가해지는 고문의 고통을 없앨 수 없습니다. 이웃 나라의 무분별한 벌목으로 인해 발생하는 홍수로 사랑하는 사람을 잃은 사람들에게 평화는 위안을 주지 못합니다.

진정한 평화

평화는 인권이 존중되고, 배를 곯지 않으며, 개인과 국가가 자유로울 때만 지속될 수 있습니다. 우리 자신과 주변 세계의 진정한 평화는 오직 마음의 평화를 키움으로써 얻을 수 있습니다. 앞에서 언급한 나머지 현상들도 유사하게 서로 연관됩니다. 예를 들어 깨끗한 환경이나 부유함 혹은 민주주의 같은 것들이 전쟁, 특히 핵전쟁 앞에서는 거의 의미가 없다는 것을 우리는 알고 있습니다. 물질적인 발전이 인간의 행복을 보장하는 데 충분하지 않다는 것 또한 압니다.

티베트 내의 문제

물질적인 발전은 물론 인간이 앞으로 나아가는 데 중요합니다. 티베트는 기술적, 경제적 발전에 거의 주의를 기울이지 않았고, 이것이 실수였음을 오늘날 우리는 깨닫고 있습니다. 동시에 정신적인 발전이 없는 물질적인 발전 또한 심각한 문제를 초래합니다. 어떤 나라들은 외적 발전에 지나치게 치중한 나머지 내적 발전을 중요시하지 않습니다. 저는 둘 다 중요하므로 동시에 발전시켜 이들 간에 균형이 이뤄져야 한다고 믿습니다. 티베트를 방문한 외국인들은 티베트인들이 항상 행복하고 명랑한 사람들이라고 말합니다. 이러한 성품은 우리 국민성의 일부입니다. 마음의 평화의 중요성을 강조하는 문화적, 종교적 가치에 의해 형성된 것입니다. 이러한 내적 평화는 인간과 동물을 포함해 모든 지각 있는 중생을 향한 사랑과 친절이 대대로 전승된 결과입니다.

내적 평화가 핵심입니다

내적인 평화가 핵심입니다. 여러분이 내면적으로 평화롭다면 외적인 문제는 마음 깊은 곳에 자리한 평화와 고요함에 영향을 주지 못합니다. 그러한 마음의 상태에서는 내적인 행복을 유지하는 가운데 침착하고 이성적으로 상황에 대처할 수 있습니다.

이것은 매우 중요합니다. 이러한 내적인 평화 없는 여러분의 삶은 물질적으로 아무리 편안하다고 하더라도 외적 환경으로 인해 걱정을 하고 불안과 불행을 느끼게 됩니다. 따라서 분명히 말하건대 현상들이 상호 어떻게 관련되는지 이해하고, 이러한 여러 측면들을 고려하며 문제를 해결하는 균형 잡힌 접근법과 시도가 중요합니다. 물론 쉬운 일은 아닙니다. 그러나 하나의 문제를 해결하기 위해서 똑같이 심각한 다른 문제를 만들어낸다면 이득이 거의 없는 것입니다. 따라서 다른 대안은 정말로 없습니다. 우리는 자국의 문제뿐 아니라 지구가 직면한 다양한 문제들에 대해서도 보편적인 책임감을 키워야 합니다.

보편적인 책임감

책임감은 국가 지도자나 특정한 일을 하도록 지명되거나 선출된 사람에게만 해당되는 것이 아닙니다. 우리 각자 책임감을 가져야 합니다. 예를 들면 평화는 우리 개개인에서 시작됩니다. 내적으로 평화로울 때 우리는 주위 환경에 평화로움을 느낍니다. 공동체가 평화로운 상태에 있을 때 그 평화를 주변의 공동체와 나눌 수 있습니다. 사랑과 친절로 다른 사람들을 대하면 그들이 사랑과 보살핌을 받고 있다고 느낄 뿐 아니라, 우리 내면의 행복과 평화를 개발하는 데도 도움이 됩니다.

종교적 수행방법

의식적으로 사랑과 애정을 키울 수 있는 방법들이 있습니다. 종교적 수행이 가장 효과적인 사람이 있는가 하면 비종교적 수행이 맞는 사람도 있습니다. 중요한 건 우리들 각자가 서로에 대해서 그리고 우리 삶의 터전인 자연 환경에 대해서 책임감을 갖도록 진정한 노력을 기울이는 일입니다.

발전에서 힘을 얻다

저는 주위에서 일어나고 있는 발전을 보고 큰 힘을 얻었습니다. 많은 나라들, 특히 북유럽의 젊은이들이 경제발전이라는 미명하에 행해지는 위험한 환경 파괴를 중단하라는 요구를 거듭한 결과, 세계의 정치 지도자들이 이런 문제들을 해결하기 위해 의미 있는 발걸음을 내딛기 시작했습니다. 세계 환경과 개발 위원회World Commission on the Environment and Development가 유엔 사무총장에게 제출한 보고서는 각국의 정부가 문제의 시급함을 인식하는 중요한 계기가 되었습니다. 지속적인 대중의 비폭력 노력 덕분에 필리핀 마닐라에서 동독 베를린에 이르기까지 많은 나라들이 실제적인 민주주의에 더 가까이 다가가는 극적인 변화가 일어나고 있습니다. 냉전이 종식되는 이때 모든 지역의 사람들에게 새로운 삶의 희망이 생겼습니다.

이러한 긍정적인 변화는 이성, 용기, 굳은 결의, 자유를 향한 꺼지지 않는 열망이 마침내 승리한다는 점을 보여줍니다. 전쟁, 폭력, 압제의 힘과 평화, 이성, 자유가 힘을 겨룬다면 후자가 승리할 것입니다. 이런 깨달음이 티베트 국민들에게 언젠가 자유를 되찾을 수 있을 것이라는 희망을 불어넣어 줍니다.

노벨 평화상

여기 노르웨이에서 머나먼 티베트의 특별할 것 없는 승려인 제게 주신 노벨상 또한 우리 티베트 국민들에게 희망을 줍니다. 이는 우리가 폭력을 통해 우리의 어려운 입장을 호소하지 않았음에도 불구하고, 잊히지 않았다는 의미입니다. 또한 우리가 소중하게 여기는 가치, 특히 모든 형태의 생명체에 대한 존중과 진실의 힘에 대한 믿음을 오늘날 사람들이 인정하고 격려한다는 의미입니다. 이는 또한 많은 사람들에게 영감을 준 저의 스승이신 마하트마 간디에 대한 찬사이기도 합니다. 올해 수상자로 제가 선정된 것으로 보아 이러한 보편적인 책임감이 커지고 있다는 점을 알 수 있습니다. 저는 이 지역의 많은 사람들에게 깊이 감동받았습니다. 그들은 고통받고 있는 티베트 국민들을 진심으로 걱정해주었습니다. 그것은 우리 티베트인뿐만 아니라 압제 받고 있는 모든 이에게 희망의 원천이 됩니다.

티베트 국민들의 고통

아시다시피 티베트는 40년 동안 외세의 점령 아래 있습니다. 오늘날 티베트에 주둔하는 중국군은 25만 명이 넘습니다. 점령군의 규모가 두 배가 될 것으로 추정하는 자료도 있습니다. 이 시기에 티베트인들은 생존권, 행동할 수 있는 권리, 말할 수 있는 권리, 종교적으로 숭배할 수 있는 권리 등을 포함한 가장 기본적인 인권을 빼앗겼습니다. 6백만 티베트 인구의 1/6 이상이 중국의 침략과 점령의 직접적인 결과로 목숨을 잃었습니다. 심지어 문화 혁명이 시작되기 전에도 티베트의 많은 수도원과 절, 역사적 건축물들이 파괴되었습니다. 남아 있는 거의 모든 문화재들도 문화 혁명 동안 파괴되었습니다. 문서로 전부 기록된 이 사실을 곱씹으려는 게 아닙니다. 중요하게 인식해야 할 점은 1979년 이후 자유가 제한적으로 허용되었음에도 수도원을 재건하는 일과 앞에 언급한 자유를 상징하는 권리들, 티베트인들의 근본적인 인권이 지금도 여전히 체계적으로 침해받고 있다는 사실입니다.

망명 정부의 활동

망명 중인 우리 공동체를 너그럽게 보호하고 도와주는 인도 정부 및 국민 그리고 세계의 많은 기관과 개인들이 없었다면 우리 망명 정부는 오늘날 산산이 흩어졌을 것입니다. 우리의 문화, 종교, 국가의 정체성은 사실상 제거되었을 것입니다. 현재 우리는 망명지에 학교와 수도원을 지었고, 민주적인 기관을 만들어서 우리 국민을 위해 일하고 우리 문명의 싹을 보존하고 있습니다. 이러한 경험을 통해 우리는 자유를 찾은 미래의 티베트에 완전한 민주주의를 실현하려고 합니다. 따라서 우리는 현대적인 망명 정부를 키워나가는 동시에 우리의 정체성과 문화를 소중히 보존하며 티베트에 있는 수백만의 동포들에게 희망을 주고 있습니다.

중국인 이주자들의 밀어닥침

현 시점에서 가장 시급한 문제는 티베트로 대거 이주하는 중국인입니다. 중국이 점령한 후 첫 10년 동안 많은 중국인이 티베트 동부인 암도(칭하이)와 캄(이곳의 대부분은 주변의 중국 지역으로 편입)으로 이주했지만, 1983년 이래 중국 정부의 장려정책으로 유례없이 많은 중국인들이 중부와 서부(중화인민공화국이 이른바 티베트 자치구역이라고 부르는)를 포함하여 티베트의 모든 지역으로 이주하고 있습니다. 조국에 사는 티베트인들은 그 수가 급속히 줄어들어서 하찮은 소수로 전락하고 있습니다. 우리는 티베트 국가의 생존, 문화, 정신적 유산 자체를 위협하는 이러한 변화를 멈추고 되돌릴 수 있습니다. 하지만 지금 당장 행동해야만 합니다. 너무 늦기 전에 말입니다.

5개항 평화계획

이렇게 악화되는 상황에 맞서, 그리고 더 이상의 유혈을 막기 위해 저는 5개항 평화 계획Five-Point Peace Plan을 제안함으로써 티베트의 평화와 인권을 회복하고자 했습니다. 제가 믿기로 그 계획은 중화인민공화국과의 협상을 위한 타당하고 현실적인 기틀을 제공합니다. 그러나 현재까지 중국의 지도자들은 건설적인 답변을 주기를 꺼려 합니다. 5개항 평화 계획은 근원적이면서 서로 연관된 사안들을 다룹니다. 이 강연의 초반에 이를 언급한 바 있습니다. 5개항 평화 계획은 1. 캄Kham, 암도Amdo와 같은 동부 지역을 포함해 티베트의 전 지역을 비폭력 지대로 전환할 것, 2. 중국이 인구 이동정책을 포기할 것, 3. 티베트 국민들의 근본적인 권리와 민주적 자유에 대한 권리를 존중할 것, 4. 티베트의 자연 환경을 복구하고 보호할 것, 5. 미래 티베트의 상태 및 티베트인과 중국인 간의 관계에 대한 진지한 협상을 시작할 것입니다. 스트라스부르크 연설에서 저는 티베트가 완전한 자치권을 가진 민주적 정치 독립국이 될 것을 제안했습니다.

비폭력 지대

이번 기회를 통해 비폭력 지대에 대해 설명하고자 합니다. 이는 '신성한 평화의 장소'라는 개념이며 5개항 평화 계획의 중심이 되는 항목입니다. 확신하건대 비폭력 지대는 티베트뿐만 아니라 아시아의 평화와 안정을 위해서도 매우 중요합니다.

저의 꿈은 티베트 고원 전체가 자유로운 안식처가 되어서 인간과 자연이 평화와 조화의 균형 속에서 살아가는 것입니다. 티베트는 전 세계의 사람들이 찾아 와서 자신 안에 내재한 평화의 진정한 의미를 찾는 곳이 될 것입니다. 세계 곳곳에서 느끼는 긴장과 압력으로부터 벗어나서 말입니다. 티베트는 실로 평화를 함양하고 증진시키는 창조적인 구심점이 될 수 있습니다. 제가 제안한 비폭력 지대의 핵심 항목은 다음과 같습니다.

- 티베트 고원의 전 지역을 비무장화한다.
- 핵무기를 비롯하여 다른 무기들을 티베트 고원에서 제조, 실험, 비축하는 것을 금한다.
- 티베트 고원을 세계의 가장 큰 자연공원으로 전환한다. 엄격한 법을 시행하여 야생동물과 식물의 생명을 보호한다. 자연자원의 이용을 신중하게 규제함으로써 관련된 생태계가 파괴되지 않도록 한다. 인구 거주 지역에 지속 가능한 개발 정책을 도입한다.

- 유해 폐기물을 남기는 핵의 제조 및 사용과 다른 기술들은 금한다.
- 국가 자원과 정책을 평화와 환경보호를 적극적으로 향상시키는 방향으로 수립한다. 티베트는 평화를 증진하고 모든 형태의 생명을 보호하는 데 전념하는 단체들을 환대하는 평화의 본고장이 될 것이다.
- 티베트는 인권을 향상시키고 보호하기 위한 국제기구와 지역기구의 창설을 장려할 것이다.

티베트-평화의 성역

아시아 중심부의 전략적 요충지에 위치한 티베트는 고유한 역사와 심오한 정신적 유산과 더불어 높은 고도와 넓은 면적(유럽 공동체 면적과 흡사) 덕분에 평화의 성역 역할을 하기에 가장 이상적이고 적합한 곳입니다. 또한 평화로운 불교국가로서 그리고 아시아 대륙의 거대하고 때때로 경쟁적인 힘을 분산시키는 완충지역으로서 티베트의 역사적 역할을 유지할 것입니다.

아시아의 안정과 평화를 위해서는 평화 지역을 만들어 대륙의 가장 큰 세력과 잠재적인 적들을 따로 떼어놓는 일이 반드시 필요합니다. 진정한 평화 지역은 분명히 세계에서 인구가 가장 많은 두 나라인 중국과 인도를 떼어 놓을 수 있어야 합니다. 비폭력 지대를 창설하기 위해서는 군대와 군사시설을 티베트에서 철수해야 합니다.

코스타리카의 사례

코스타리카는 나라 전체가 비무장화된 가장 훌륭한 사례입니다. 또한 티베트도 최초의 자연보호 구역이나 생물권 구역이 되는 것은 아닙니다. 많은 공원들이 세계 곳곳에 만들어졌습니다. 몇몇 전략적 지역들은 자연적인 "평화 공원"이 되었습니다. 코스타리카 반도 국경에 접한 라 아미스타드La Amistad 공원, 코스타리카와 니카라과 국경에 접한 시 아 파즈Si A Paz 프로젝트가 대표적인 두 사례입니다. 올해 초 코스타리카를 방문해서 하나의 나라가 군대 없이도 성공적으로 발전하여 평화와 자연환경 보호에 전념하는 안정적인 민주주의 국가가 된 모습을 보았습니다. 이를 통해 저는 미래 티베트에 대한 비전이 현실적인 계획이며 단순한 꿈이 아니라는 점을 다시금 확신하게 되었습니다.

개인적인 감사

여러분 모두와 오늘 이 자리에 없는 친구들에게 개인적으로 감사를 전하며 강연을 마치고자 합니다. 티베트인들의 곤경을 걱정해주고 지원해주신 여러분은, 깊은 감동과 함께 군사 무기 대신 진리와 굳은 신념이라는 강력한 무기를 사용하여 자유와 정의를 위해 투쟁할 수 있는 불굴의 용기를 주셨습니다. 티베트의 모든 국민을 대신해서 제가 여러분들께 감사를 표합니다.

그리고 당부 드립니다. 역사상 이렇게 위급한 시기에 처한 티베트를 잊지 말아 주십시오. 우리 역시 더욱더 평화롭고 인간적이고 아름다운 세상을 만드는 데 기여하고 싶습니다. 자유를 찾은 미래의 티베트는 도움을 필요로 하는 전 세계의 나라들을 돕고, 자연을 보호하며, 평화를 증진할 방법을 모색할 것입니다. 제가 믿기로 수준 높은 영성과 현실적이며 실제적인 태도를 결합할 능력을 지닌 우리 티베트인들은 아무리 겸손한 방식일지라도 그것을 통해 특별히 기여할 수 있습니다. 이는 저의 희망이자 기도입니다.

저의 기도

끝으로 여러분과 함께 짧은 기도를 하겠습니다. 이 기도는 저에게 많은 영감과 굳은 신념을 줍니다.

공간이 지속되는 동안

그리고 생명을 지닌 존재가 머무르는 동안
그때까지 나 또한 머물러서
세상의 불행을 떨쳐버리게 해주십시오.

1989년 12월 11일 달라이 라마의 노벨 평화상 강연에서 발췌.

4 나의 분신 티베트

지혜의 나라, 티베트

고대에서부터 내려오는 티베트의 전통적인 방식으로 교육받고 훈련받은 일개 불승으로서 말합니다. 저는 정치학의 전문가가 아닙니다만 평생 불교 공부와 수행을 했고, 티베트 국민들의 비폭력 독립투쟁에 책임지고 관여하면서 공유하고 싶은 경험과 생각들이 생겨났습니다.

중국과의 협력

티베트 침공이 시작될 당시 저는 상호 수용할 수 있는 선상에서 평화롭게 공존하고자 중국 당국과 대화하려고 노력했습니다. 심지어 이른바 '티베트의 평화 독립을 위한 7개 조항 합의'가 강제로 체결되었을 때도 중국 당국과 대화하려고 했습니다. 그 합의에 의해 중국 정부는 티베트의 독립과 자율권을 인정하며 우리의 뜻에 반해 티베트에 중국의 체제를 시행하지 않기로 약속했습니다. 하지만 중국 당국은 이 조항을 위반하며 티베트 국민들에게 중국의 엄격하고 이질적인 이념을 강요하고 티베트 국민들의 고유한 문화, 종교, 생활방식을 거의 존중하지 않았습니다. 절망한 티베트 국민들은 중국에 저항하는 봉기를 일으켰습니다. 1959년 말 저는 티베트 국정을 계속 돌보기 위해 티베트를 떠나야만 했습니다.

중국의 지배

제가 망명한 후 수십 년 동안 티베트는 중국 인민공화국 정부의 완전한 지배하에 있었습니다.

티베트인들의 자유를 위한 투쟁

저는 지금까지 비폭력 노선에서 티베트의 자유를 위한 투쟁을 이끌어오며, 지속적으로 화해와 타협의 정신으로 협상을 통해 상호 합의하에 티베트 문제의 해결책을 찾으려고 노력했습니다.

중도 노선으로의 접근

훗날 '중도 노선'으로 알려진 저의 제안에서는 티베트가 중국 인민공화국의 체제 안에서 고유한 자율권을 누리게 됩니다. 저는 아이들 교육, 종교문제, 문화적인 문제, 섬세하고 소중한 환경보호, 지역 경제를 포함한 국정에 대한 책임을 티베트 국민들에게 일임하는 진정한 자치정부이자 자율적인 티베트를 제안했습니다. 그리고 외교와 국방문제는 계속 중국이 전담하는 것으로 했습니다.

중국의 이미지 개선

이 해결책은 중국의 국제적인 이미지를 크게 향상시켜 중국의 안정과 결합에 기여했습니다. 베이징은 안정과 결합을 최고로 우선시합니다.

정치적 의지가 부족한 중국

불행하게도 중국의 지도부에게는 진지한 태도로 티베트인의 자치정부 문제를 해결하려는 정치적 의지가 부족했으므로 어떠한 진전도 이뤄내지 못했습니다. 중국 지도부가 저의 중도 노선에 긍정적으로 회답하지 못함으로 인해서 중국 정부는 평화적 공존에 관해 관심이 없다는 티베트 국민들의 의심이 재확인되었습니다. 많은 티베트 국민들은 중국이 티베트를 강제로 동화하고 흡수하기 위해 혈안이 되어 있다고 믿습니다.

폭력의 거부

저는 정치적 투쟁의 수단으로 폭력을 사용하는 행위를 확고하게 거부합니다. 한편 우리는 사용 가능한 모든 정치적 선택을 모색할 권리가 분명히 있습니다. 저는 자유와 민주주의를 굳건히 믿는 사람이기 때문에 망명 티베트인들이 민주적인 절차에 따르도록 독려해왔습니다. 저는 티베트 문제를 중국 지도부와 계속 협의하고 해결점에 도달할 때까지 티베트 국민들의 자유 대변인 역할을 하는 것이 6백만 티베트인에 대한 저의 도덕적인 의무라고 진정으로 생각합니다. 티베트 국민들에게 가해진 엄청난 파괴와 인간적인 고통은 널리 알려져 있습니다. 고인이 되신 판첸 라마Panchen Lama(달라이 라마 다음가는 라마교의 부교주)가 중국 정부에 보낸 7만 자 탄원서는 티베트에서 행해진 중국의 가혹한 정책과 행위에 대한 역사적 자료의 역할을 합니다. 현재 티베트는 여전히 식민지이며, 힘에 압제당하고 있고, 고통에 상처받고 있습니다. 얼마간의 발전과 경제 성장에도 불구하고 티베트는 계속 기본적인 생존의 문제에 직면하고 있습니다. 심각한 인권침해가 티베트에 만연합니다. 그것은 인종과 문화 차별정책의 결과입니다. 하지만 이런 문제들은 더 깊은 문제의 증상이며 결과에 불과합니다. 중국 당국은 티베트 고유의 문화와 종교를 티베트 독립의 위험요인으로 봅니다. 이런 이유로 중국이 의도적인 정책을 펴왔고 그 결과 고유한 문화와 정체성을 가진 티베트 전 국민이 소멸의 위험에 직면해 있습니다.

국제 공동체에게 호소합니다

중국 정부의 긍정적인 반응이 없으므로 이제 국제 공동체 구성원들에게 호소하는 길밖에 없습니다. 확대되고, 협조적이며, 지속적인 국제적인 노력만이 베이징이 티베트에 대한 정책을 바꾸도록 설득할 수 있다는 사실이 이제 분명해졌습니다. 저는 대화를 계속 진행할 작정입니다. 대화와 티베트의 실상을 정직하고 명확하게 바라보려는 의지가 상호간에 이로운 해결로 이끌어 중국 인민공화국의 안정과 결합에 기여하고, 티베트 국민들이 자유, 평화, 존엄 속에서 살 권리를 확보할 수 있다는 것이 저의 확고한 믿음입니다. 오늘날 우리 국민, 독특하고 풍부한 문화유산, 국가 정체성이 소멸의 위험에 처해 있습니다. 한 나라의 국민과 문화로서 살아남기 위해서 우리에게는 국제적인 지원이 필요합니다.

티베트의 내부 상황

티베트의 내부 상황을 들여다보면 늘어나는 억압, 계속되는 환경 파괴, 티베트의 문화와 정체성을 지속적으로 약화시키는 정책 등으로 인해서 거의 절망적입니다. 하지만 저는 중국이 아무리 힘이 세고 거대하다 해도 세계의 일부라고 믿습니다. 오늘날 지구촌은 점점 개방, 자유, 민주, 인권존중 등을 지지하는 방향으로 나아가고 있습니다. 머지않아 중국은 세계의 경향을 따를 것이며, 장기적으로는 진실, 정의, 자유에서 도망칠 수 없을 것입니다. 티베트 문제가 현재 중국의 정세와 밀접하게 관련되므로 희망을 가질 이유와 근거가 있다고 저는 믿습니다.

2011년 10월 14일 14대 법왕 달라이 라마가 영국의회에서 한 연설에서 발췌.

티베트인을 위한 교육

현대 지식 분야에서 티베트인들은 매우 뒤처져 있습니다. 애초에 교육을 필수라고 여기지 않았을 뿐만 아니라 지식을 추구하기 위한 계획적인 체계가 없었습니다. 저는(여기서의 '저'는 법왕의 전생인 13대 달라이 라마) 1907, 1908년에 중국 외의 다른 나라, 1910~1911년에 인도를 방문해 바깥세상의 많은 것을 목격했습니다. 그 결과 1915~1920년에 티베트 학생들을 영국 등의 나라들로 유학 보내 영어를 배우고 관련 현대 공학기술과 지식을 습득하도록 했습니다. 하지만 이 계획은 오래가지 못했습니다. 저는 개혁에 대한 커다란 꿈을 가졌으나 내적, 외적으로 이러한 노력들을 무산시키려는 요소와 방해물들이 많았습니다.

티베트의 현 상황

제가 항상 하는 말이지만 티베트에 사는 많은 티베트인들은 티베트 운명의 진정한 주인이며, 15만 명의 티베트 망명자들은 티베트의 대의명분을 알리고 성취하기 위한 자유로운 대변인과 상징적인 대표자의 역할을 할 뿐입니다.

수많은 티베트 국민들은 여전히 자유를 박탈당한 채 고통스러운 상황에 놓여 있습니다. 그럼에도 불구하고, 목숨이 위험에 처했을 때에도, 그들은 국민으로서의 권리를 마음에 새기고 민족성의 높은 명분과 미래에 대한 공통의 믿음을 굳게 지켰습니다. 우리가 세계무대에서 티베트의 비극과 복지에 관해 말할 수 있고, 우리의 말이 진실이라고 인정받는 이유도 그 때문입니다. 세계무대에서 우리가 신뢰성을 얻게 된 기본 자산은 티베트에 사는 국민 그리고 그들의 헌신적인 공동의 노력과 지칠 줄 모르는 용기, 변함없는 태도입니다. 그 때문에 우리의 입장이 진실로 증명되는 것입니다. 따라서 우리는 공동의 목적에 진심으로 헌신하고 우리를 하나로 묶어주는 공통된 진실에 대한 굳은 신뢰를 버리지 않는 티베트 국민에게 감사해야만 합니다. 저는 티베트에 사는 많은 티베트 국민들에게 정기적으로 감사를 전합니다.

티베트 문화의 미래

티베트의 설원 지역에 거주하는 독특한 주민들과 그들의 심오한 문화와 종교가 미래에도 계속 살아남아 전승될지 여부는 티베트에 사는 국민들에 달려 있습니다. 반대의 관점에서 보면 티베트에 거주하는 티베트 국민이 자국의 영토에서 소수로 전락하는 비극적인 상황이 오지 않는다고 장담할 수 없습니다. 그런 상황이 온다면, 티베트에 사는 국민이 티베트 민족의 공동 열망을 지키지 못하면 망명 중인 우리가 티베트의 민족 정체성, 티베트의 종교와 문화를 대대로 유지하고 보호하며 전파하기가 매우 어려워질 것입니다. 현재 망명 중인 세대 동안에는 큰 문제가 없을 것입니다. 하지만 그 다음 세대부터는 어떨까요. 그때에도 상황이 나빠지지 않을 가능성이 있습니다만, 그 세대 이후에는 상황이 어떻게 될지 예견하기 어렵습니다.

미래의 위험

미래에는 극도의 위험이 도사리고 있습니다. 핵심은 티베트에 사는 국민들이 매우 중요하다는 것입니다. 이러한 관점에서 가장 중요한 사항은 모든 사람이 결심을 늦추지 않고 부지런히 행동해야만 한다는 것입니다. 부지런할 수 있는 좋은 방법 중 하나는 지식의 추구에 특별히 관심을 기울이는 것입니다. 세계는 지금 하루가 다르게 급변하고 있습니다. 공산주의 국가에서도 지식을 중요하게 여깁니다. 과거 문화혁명 동안에는 지식에 대한 존중과 가치가 땅에 떨어진 듯했습니다. 하지만 오늘날 중국의 경우 상황이 1960년대와는 판이하게 다릅니다. 북한조차도 현대 지식에 중요한 가치를 둘 수밖에 없는 상황이라는 보도가 나오고 있습니다. 따라서 용기를 잃지 말고 노력을 해야 한다는 제 말은, 특히 교육에 주력해야 한다는 뜻입니다.

비폭력의 길

티베트의 독립운동은 비폭력에 바탕을 둡니다. 비폭력 노선을 따르는 것이 티베트 독립운동의 자산이자 긍지입니다. 우리가 진실을 저버린다면 계속 고통을 당하는 것 외에 다른 길이 없을 것입니다. 우리가 진실을 고수하면 모든 것에 투명하다는 자부심과 함께 양자 대면에서 자신 있게 근거를 댈 수 있습니다. 이는 진실이 비폭력적인 방식에 의해 정당성이 입증되어야 한다는 지식에 바탕을 둡니다. 이 과업은 그저 엄숙한 선서를 한다고 해서 이루어지는 것은 아닙니다.

망명 티베트인들을 위한 학교

1959년 4월에 인도에 망명을 했고, 그 다음해인 1960년에 우리는 서둘러 무수리Mussoorie에 첫 학교를 세웠습니다. 망명 중인 티베트인들에게 현대 교육의 기회를 제공할 수 있는 학교를 건설하는 데 많은 노력을 기울였습니다. 특히 1960년대 초 망명 중인 티베트인 공동체 안에 수도원보다 학교를 세우는 일에 주력하자는 움직임이 컸습니다. 우리가 학교를 건설하는 데 특히 주안점을 둔 이유는 티베트 민족이 비참한 상황에 빠지게 된 원인 가운데 하나가 현대적인 지식 분야에서 일정 수준에 도달하지 못했기 때문이라는 통렬한 자책을 했기 때문입니다. 교육의 결핍으로 우리는 한 나라의 국민으로서 세계의 다른 나라들과 동등한 위치에서 전략을 세울 능력이 없었습니다. 우리는 너무 뒤처진 나머지 현 시대의 도전들을 감당할 수가 없었습니다. 이런 관점에서 우리는 종교 건물보다 학교를 설립하는 일이 더 중요하다고 생각했습니다.

티베트 내의 문제

티베트에 거주하는 국민들 역시 이를 교훈으로 삼아 현대 지식을 습득하는 일이 매우 중요하다는 인식을 가져야만 합니다. 현재 티베트는 교육 분야에서 아이들의 비싼 교육비를 포함해 큰 문제를 안고 있습니다. 하지만 내적, 외적인 어려움에도 아랑곳하지 않고 국민들은 중국 정부가 운영하는 학교이든, 티베트의 사립학교이든 아이들을 학교에 보냅니다. 캄, 암도, 우창 지역의 곳곳에서 배움에 최선의 노력을 기울여 자신이 가진 능력을 발휘하려는 티베트인이 많이 생겨나고 있습니다. 그들 모두에게 기쁨을 표하며 그들의 노력에 찬사를 보냅니다. 어떤 경우이든 교육의 분야에 노력을 기울이는 건 매우 중요합니다.

중국 학교

중국이 티베트 땅에 설립한 학교들의 경우 그들의 행동에 경멸을 표시하는 의미로 그런 학교에 아이들을 보내지 않는 건 매우 옹졸한 생각입니다. 중국이 세운 학교라도 좋습니다. 다만 티베트어와 다른 과목들을 일정 수준에서 가르치는지 확인하기 위해 관련 인사와 단체들과 논의할 수 있어야만 합니다. 어떠한 경우이든 티베트인은 가능한 한 모든 방식을 통해 노력을 기울여야만 합니다.

현대 교육의 관점들

현대 교육에는 과학, 법, 경제, 환경 등의 여러 분야가 있습니다. 그럼에도 불구하고 티베트어는 이러한 무수한 과목들을 수용할 만큼 발전하지 못했습니다. 인도에서는 모든 과목을 티베트어로 가르치려는 노력이 이루어지고 있습니다. 하지만 티베트인은 말할 것도 없고 인도인조차 영어를 사용하지 않으면 현대의 전문 분야를 습득하기가 어렵습니다. 티베트에서도 현대 지식을 전문적으로 습득하기 위해서는 중국어에 의존하는 것 말고는 다른 방도가 없습니다. 티베트에서 오늘날 현대 학문의 다양한 분야에서 전문가가 되건, 연구자가 되건, 필요한 전문 지식을 습득하기 위해서는 중국어 지식이 매우 중요합니다.

티베트의 자치권을 위한 투쟁

우리는 현재 의미 있는 티베트의 자치권을 되찾기 위해 투쟁하고 있습니다. 하지만 적절한 수준의 자치권을 획득하기 위해서는 우리 국민이 그와 관련한 모든 분야에서 완전한 책임을 질 수 있어야만 합니다. 논쟁에 참여하는 것만으로는 충분치 않습니다. 우리 스스로 자치권을 주장하고 집행할 수 있어야만 합니다. 본질적으로 우리 일을 자체적으로 할 수 있어야 한다는 뜻입니다. 현 시대에 걸맞은 내적, 외적 발전을 이루기 위해서는 현대 교육을 받는 일이 대단히 중요합니다. 오늘날 티베트의 실질적 상황을 고려하면 현대식 교육을 받기 위해서는 중국어에 의존할 수밖에 없습니다.

실용적인 형태의 교육

머릿속에 이런 생각이 떠오릅니다. 100명의 티베트인 학생이 있다고 가정해봅시다. 이 중 70~80명의 학생이 티베트어를 주요 과목으로 공부해 국가 정체성을 보호하고 문화유산을 보존하는 데 크게 기여할 수 있습니다. 나머지 20~30명은 중국어를 공부해 현대의 전문 분야에서 전문적인 자격을 취득할 수 있습니다. 어떻습니까?

2006년 3월 다람살라에 모인 티베트 군중들에게 달라이 라마가 한 연설에서 발췌.

티베트 여성 불자의 파워

저는 우리 불자들이 불교 전통과 철학에 따라 인류의 행복에 큰 기여를 한다고 굳게 믿습니다. 저는 여성 지도자를 양성하고, 여성의 교육을 개선하며, 전통과 상관없이 여성 불자들 간의 소통을 늘리는 실질적인 동향이 일어나는 것을 알고 힘을 얻었습니다.

티베트인 공동체

티베트인 공동체는 과거와 달리 20여 년 전부터 이곳 인도의 일부 수녀원에서 불교 철학을 진지하게 공부하는 프로그램을 도입했습니다. 이러한 상황에서 이 회의에 참석한 많은 분들이 비구니 수계를 널리 알리는 데 관심이 많을 줄 압니다. 이 내용에 대해서는 이미 많은 연구가 이뤄졌으며, 율장律藏(Vinaya, 삼장三藏의 하나로 석존釋尊이 제정한 계율의 조례를 모은 교전敎典) 전문가들의 모임에서 해결해야 할 많은 문제들이 제기되었습니다. 율장의 문제는 언제나 복잡한 문제였습니다. 역사적인 초기 불교 회의에서조차 율장이 중대 안건이었으니까요.

비구니 수계의 재정립

저는 그동안 비구니 수계Bhikshuni ordination를 재정립하는 일이 매우 중요하다고 생각해왔습니다. 붓다는 남녀 모두 법을 실천하고 그 목표를 이룰 수 있는 동일한 기회와 잠재력이 있다고 강조하셨습니다. 이 관점을 유지할 의무가 우리에게 있습니다. 이제 비구니 수계를 어떻게 재정립할지는 교단이 결정할 문제입니다. 이 문제를 국제 교단에서 논의한다면 도움이 될 것입니다. 율장 전통의 주요 대표자들이 모두 참석해야 합니다.

철저한 연구와 논의

비구니 수계를 재정립하는 문제는 연구와 논의를 거쳐 해결해야 합니다. 열린 마음을 가진 존경받는 훌륭한 승려와 진실한 학자들이 모여 이 문제에 관해 철저히 논의한다면, 긍정적인 결과를 얻으리라고 믿습니다.

티베트 불교의 여성 수계

붓다는 계급, 인종, 국적, 사회적 배경과 상관없이 모든 지각 있는 중생과 모든 부류의 사람, 남녀 모두가 고통에서 해방되어 깨달음을 얻는 길을 가르치셨습니다. 자신의 가르침을 실천하는 데 일생을 바치기 원하는 사람들을 위해서 붓다는 비구 교단(남성 승려) 비구니 교단(여성 승려)을 모두 포함한 수도회를 창설했습니다. 불교 수도회는 그 이후로 아시아 전역에서 번성해 철학, 명상, 윤리학, 종교 의식, 교육, 문화, 사회 변화 등 다양한 범위에서 불교 발전의 주축이 되어 왔습니다.

비구 수계

비구 수계Bhikshu ordination의 법통은 오늘날 거의 모든 불교국에 존재하는 반면, 비구니 수계 법통은 몇몇 나라들에서만 존재합니다. 이러한 이유로 4중四重(fourfold) 불교 공동체*는 티베트 전통에서 불완전합니다. 모든 티베트 불교 학교에서 완전한 비구 수계를 제공해 사중 불교 공동체가 완성되면 대단히 좋을 것입니다.

오늘날의 여성

현대에는 여성들이 정부, 과학, 의학, 법, 예술, 인문학, 교육, 경영학 등 세속의 모든 분야에서 중요한 책임을 맡고 있습니다. 그들은 정신적인 교육과 훈련을 받고, 역할 모델이 되며, 사회의 행복에 기여함으로써 남성들이 하는 정신적인 활동에 참여하고 싶은 열망을 갖습니다. 따라서 여승과 티베트 불교의 일반 여신도들은 그들의 전통 안에서 완전한 비구니 수계를 받기 원합니다. 여성은 불법의 궁극적인 목표를 이룰 능력을 부여받았으므로 현대 정신에 맞게 이 목표를 이룰 방법과 기회를 완전히 얻을 수 있어야만 합니다. 그들의 가장 긍정적인 소망에 따라 사는 최선의 방법은 비구니 수계를 받는 것과 비구니 공

---

* 4중 불교 공동체는 비구Bhikshus(比丘, 출가하여 불교의 구족계具足戒인 250계戒를 받고 수행하는 남자승려), 비구니Bhikshunis(比丘尼, 출가하여 불교의 구족계인 348계를 받고 수행하는 여자 승려), 우바새Upasakas(優婆塞, 출가하지 않고 부처님 제자가 된 남자), 우바니Upasakis(優婆尼, 불교를 믿고 삼귀三歸, 오계五戒를 받은 세속의 여자)로 구성된다.

동체의 지원을 받는 것입니다. 비구니 수계를 받은 여승은 공부, 묵상, 명상을 통해 목표 추구에 매진할 수 있을 겁니다. 이로써 그들은 연구, 교육, 상담 그리고 불법을 전파하는 활동을 통해 사회를 이롭게 할 기회를 늘릴 것입니다.

이런 생각으로 1960년대 이후로 티베트 전통의 모든 구성원의 후원을 받아 광범위한 연구를 수행하고 세계의 주요 율장과 티베트 학자들과 논의했습니다. 저는 티베트 불교의 비구니 교단의 창설을 전적으로 지지하는 바입니다.

불교의 양상들

양상에 관해서는 반드시 율장을 따라야 합니다. 그렇지 않다면 이미 오래전에 티베트에 비구니 수계를 도입했을 것입니다. 티베트 전통에는 다르마굽다 법통Dharmagupta lineage에 따라 완전한 비구니 수계를 받은 여승들이 있습니다. 우리는 그들이 완전한 계를 받았음을 인정하고 존중합니다. 우리는 다르마굽다 법통의 3대 수도승 법규(포살Posadha(계율을 지키고, 몸을 정결히 함), 안거Varsa(安居, 승려들이 4월 보름 다음날부터 7월 보름날까지 석 달 동안 한 곳에 모여 일체의 외출을 금하고 수행에만 전념하는 것), 자자Pravarana(自恣, 안거 마지막날 하게 되는 전원이 바라 제목차를 독송하는 기본적인 비구포살))를 티베트어로 번역해 현재의 여승 공동체 안에서 당장 실천하도록 장려했습니다. 저는 이렇게 모든 불교 전통이 함께 노력해 결실을 맺기를 희망합니다. 내면의 평화와 이를 통한 세계평화를 추구하는 여성들을 실질적으로 지원할 수 있게 되기를 진심으로 기도합니다.

2002년 대만에서 열린 세계여성불자연합회가 주최한 국제여성불자회의와 2007년 7월, 19여 개국에서 온 주요 수도승과 국제적인 불교계의 원로들이 티베트 불교의 완전한 비구니 수계를 논의한 회의, 그리고 독일 함부르크 대학의 불교학 재단에서 달라이 라마가 한 강연에서 발췌.

달라이 라마 관련 추천도서

다음 도서는 모두 위즈덤 출판사에서 출간했습니다.

달라이 라마의 저서

『중도 The Middle Way』

『평안하고 걱정 없는 마음 Mind in Comfort and Ease』

『자면서 꿈꾸고 죽기 Sleeping Dreaming and Dying』

『마음 경전의 핵심 Essence of the Heart Sutra』

『선한 마음 The Good Heart』

『연민의 삶 The Compassionate Life』

『티베트 불교의 세계 The World of Tibetan Buddhism』

『모든 사람을 상상하세요 Imagine all the People』

『칼라차크라 탄트라 Kalachakra Tantra』

『삶의 의미 The Meaning of Life』

『내적 평화에 대한 달라이 라마의 작은 책 Dalai Lama's Little Book of Inner Peace』

『사랑과 연민으로 가는 실용적 방식 Practical Way of Directing Love and Compassion』

『평화의 선물 Gift of Peace』

『지혜의 실천 Practicing Wisdom』

달라이 라마를 다룬 다른 도서나 달라이 라마의 공저

『달라이 라마 이해하기 Understanding the Dalai Lama』, 라지브 메호트라 편집

『연민을 느끼는 방법 How to Be Compassionate』, 달라이 라마와 제프리 홉킨스 공저

◆ 자세한 사항과 추가 도서명 정보를 알고 싶으면 다음 사이트 참조

http://www.wisdompubs.org/Pages/c_the_dalai_lama.lasso